V Réserve

LE
IEV DES ESCHECS,
AVEC SON INVENTION
SCIENCE ET PRACTIQVE.

Où par vn tres-docte & intelligible discours sont amplement
descrits les moyens d'ordonner son Ieu tant pour
l'offensiue que la defensiue.

Traduict d'Espagnol en François.

BONA
FIDE.

SPERO · CERTE · TENEO · MELIVS

BIBLIOTHECÆ · REGIÆ

A PARIS,

Chez IEAN MICARD, ruë des Carmes, à l'enseigne de la
Bonne Foy, & au Palais, en la Gallerie par où l'on va
à la Chancellerie.

M. DCIX.
Auec Priuilege du Roy.

AV LECTEVR.

L'ESTIME que l'on fait en toutes cõpagnies du ieu des Eschecs, & le defir que plufieurs de ma cognoiffance ont (donnât de leurs temps à ceft exercice d'efprit) d'apprendre quelques maximes pour la vraye intelligence de ceft art, m'ont fait defrober quelques heures de mon loifir pour habiller ce petit traicté à la Frãçoife, & le faire veoir François aux Eftrãgers, comme les Eftrangers nous l'ont prefenté en leur langue naturelle. Ne te defgoufte point(Amy Lecteur) fi de premier abord, lifant la diuerfité des Ieux, tu n'y trouues tel gouft comme tu te le pourrois imaginer : Dilaye, ie te fupplie, à donner ton iugement fur mon loifir, iufques à ce que tu ayes leu, releu, & confideré particulierement le mouuement de chaque piece, auquel tu trouueras (ie t'affeure) du profit & du plaifir, fi ayant dreffé fur l'Efchiquier tes pieces, tu iouë attentiuement, fuyuant l'ordre & difpofition que tu y liras. Que fi ayant exercé chafque maniere de Ieu quatre ou cinq fois tu t'en acquiers infenfiblement & auec ton contentement la vraye cognoiffance. Ie defire feulement de toy que pour toute recompenfe tu agrees de bon cœur ce petit labeur que i'ay pris, te proteftant de ne me foucier en aucune façon du iugement de plufieurs Cenfeurs (la plufpart defquels iugent par l'opinion qu'ils conçoi-

a

uent en lifant , fans paffer outre le feul tiltre d'vn liure. Ie me
recommande aux bonnes graces de telles gens ,
& leur laiffe vn *Anden con Dios.*

D. P.

TABLE DES CHAPITRES CONTENVS
AV PRESENT LIVRE.

A, signifie la premiere page, & B, la seconde.

LIVRE PREMIER.

LIVRE SECOND.

â iij

TABLE

LIVRE TROISIESME.

DES CHAPITRES.

Fin de la Table du Ieu des Eschecs.

EXTRAICT DV PRIVILEGE
DV ROY.

PAr lettres patentes de sa Majesté donnees à Paris le vingt-deuxiesme Ianuier, l'an de grace mil six cens neuf, seellees du grand seau, Par le Roy en son Conseil Bergeron, il est permis à Iean Micard marchand Libraire à Paris, d'imprimer ou faire imprimer vn liure intitulé, *Le Ieu Royal des Eschecs, traduit nouuellement d'Espagnol en François.* Et deffenses sont faites à tous autres de quelque estat, qualité ou condition qu'ils soient, d'imprimer ou faire imprimer ledit liure, iusques au temps & terme de dix ans, & ce sur peine de mil liures, confiscation des exemplaires, & de tous despens dommages & interests, à commencer du iour & datte que ledit liure sera acheué d'imprimer, ainsi qu'il est plus à plain contenu esdites lettres de Priuilege sur ce donnees.

Acheué d'imprimer le quinziesme Auril, 1609.

L'INVENTIO

L'INVENTION
DE L'EXCELLENT ET ROYAL
IEV DES ESCHECS,

LIVRE PREMIER.

Que le ieu des Eschecs est ieu de science, & inuention
de Mathematique. CHAPITRE. I.

L n'y a point de doubte que le Ieu des Eschecs ne soit Ieu de science, & prouenu de
l'inuention de Mathematique, parce qu'il
tire ses fondements de deux arts liberaux,
assauoir la Geometrie, & Arithmetique,
estât ageácé dessus le costé d'vne superficie pleine quarree, & perfectiónee, auec le
nóbre de huict, qui est nóbre entier, lequel multiplié en soy
mesme, fait vne multiplicatió de soixáte quatre: de sorte que
s'imaginant vne superficie pleine, & lui baillant huict lignes
esgales en longueur & largeur, & en chacune desdites lignes
huit petits quarrez que nous appellerós cases ou maisons esgales, on formera vn quarré auec soixante quatre cases, du
nombre de quatre & de huict, sur lequel ce ieu se iouë. Ieu
qui est de sciéce, sans tenir rien du hazard, & mis en la demó-
stration qui est la vraye definition de science, qui s'acquiert
par les mesmes moyens que tous les autres Arts liberaux, &

A

i'oſeray dire que les moyés conioincts enſemble, y ſont plus
neceſſaires, ſçauoir l'eſprit, la memoire, la force de l'imagination, l'exercice & l'affection: & encor qu'il y en ayent qui
ioüent, auſquels toutes ces qualitez (neceſſaires au moins en
l'apprentiſſage) ne ſe retreuuent pas, ceux-là ne ſe peuuent
dire proprement experts, veu qu'il en eſt en ceſt art ne plus
ne moins qu'en toutes autres ſciences, où il y a plus de gens
ſçauans de nom que d'effect. Or ſans eſprit & ſans memoire
difficilement peut on dire ſçauoir quelque choſe: la force de
l'imagination y eſt auſſi neceſſaire, pour repreſenter mille
ſortes d'inuentions que l'eſprit doit conduire à leur perfection, & plus ou moins l'on ſera doüé & pourueu de ces
qualitez, plus ou moins ſera-on ſçauant & expert, le cómen-
cement en tous Arts eſt du Maiſtre, mais la perfection ſ'acquiert par l'eſprit & l'exercice. La memoire eſt grandement
requiſe icy, parce qu'il faut que ce que nous auons penetré
auec la force de noſtre imagination, que la memoire le retié-
ne & le repreſente à l'eſprit, pour eſtre limé & perfection-
né. Que l'exercice n'y ſerue entierement, on n'en faict point
de doubte, parce que tout Art conſiſte en l'exercice, nous
voyons bien ſouuent que l'exercice ſans ſcience eſt plus pro-
fitable, que la ſcience ſans exercice, veu que la ſcience ne ſe
peut acquerir que par l'exercice, ainſi faut il ſ'exercer en ceſt
Art auec ceux que l'on ſçaura les plus experimétez: trois cho-
ſes rendent la perfection, l'Art, par la loy duquel tu te gou-
uernes: l'vſage que tu gardes: les experts que tu dois ſuiure.
L'Art faict certain, l'vſage própt & habile, l'imitation propre
& apte: & eſtans tous trois enſemble, font ſçauant en effect.
L'affection doit eſtre iointe pour l'acquiſition de quelque
choſe que ce ſoit, & principalement de celle où il y a de la

difficulté: il n'y a rien qu'vn labeur opiniaftre & diligét foing n'acquiere, comme auffi au contraire il n'y à rien qui ne foit difficile, quelque facile qu'il foit, fi nous l'entreprenons à contre-cœur. Et par ainfi l'on dit que tous les effects des humains confiftent en deux chofes, en la volonté, & en la puiffance: que fi l'vn d'eux manque, il ne fe peut rien faire. L'on voit donc par ce qui a efté dict, fans apporter autres raifons, que ce Ieu eft Ieu de fcience, & de l'inuention de Mathematique.

Que ce Ieu eft louable & neceffaire pour la conferuation
de la vie.   CHAP. II.

LEs ieux loüables n'ont pas feulement efté permis, mais iugez auffi neceffaires pour la côferuation de la vie humaine, parce que les corps ne peuuent pas continuellement trauailler fans intereft de leur fanté, le ieu qui eft le repos y eft neceffaire : il faut donc donner du relafche aux efprits, afin qu'ils fe releuent plus forts & aigus, emouffez & debilitez par vn continuel trauail. L'on dit que la vie de ceux eft incertaine qui l'occupent en vn trauail defmefuré, & que le ieu, le repos, le loifir, & le paffetemps repaiffent & nourriffent & le corps & l'ame, tellement que ce Ieu n'eft pas feulement honnefte, & loüable, mais auffi neceffaire, recreât & l'efprit & le corps, Ieu plus defirable que tout autre, comme eftant ieu de fcience, exerçant l'efprit, & faifant efuiter l'oifiueté, qui engendre la rouïlle du vice en nos ames, Ieu approuué de tous, & iugé tres-excellent, auquel les plus grands perfonnages de tous les fiecles paffez fe font delectez, comme au plus noble, & duquel vn chacun doit faire plus de compte & d'eftime.

A ij

Qui a esté inuenteur de ce Ieu, & en quel temps.
CHAP. III.

L'On parle diuersement de ceux qu'on croit auoir trouué l'inuétion de ce ieu, les vns l'ont attribuee aux Maures qui y iouënt fort volontiers, & mesmes par cœur, en se
pourmenant, & pource leur attribuë-on l'inuention ; mais
ceste presomption est foible contre la verité, qui est que çe
Ieu estoit deuant les Maures. Les autres la donnent à deux
freres Grecs de nation, appellez Lyde & Tyrrhene, lesquels
affligez d'vne grande famine trouuerent ce passetemps, auquel s'occupant ils sentoient moins leur faim, & dit-on que
ces freres estoient fils du Roy Atys, qui pour la grande sterili-
té qui fut en son pays, fut contrainct de diuiser son peuple,&
ietter au sort quel de ses deux fils iroit peupler des contrees
estrangeres auec vne partie de son peuple. Lyde fut suc-
cesseur du Royaume, & escheut à Tyrrhene de sortir hors le
Royaume auec vne grande troupe de gens, & estant arriué
en Italie, il peupla la terre de Tyrrhene, que l'on nôme la To-
scane : mais tout cela porte plus des effects d'vn songe que
d'vne verité. Les autres asseurent ce Ieu auoir esté inuenté
par Palamedes Grec, estant au siege de Troye, hôme inuentif
& ingenieux qui auoit trouué la forme du damier quelque
temps auparauant, sur lequel ce iouë ce Ieu. Les autres veu-
lent dire que ç'a esté vn Philosophe nommé Xerces: pour la
diuersité des inuenteurs, l'on trouue la diuersité du temps, si
nous croyós que c'est Palamedes, il est asseuré que ç'a esté en
la guerre Troyéne au téps du siege de Troye, afin que les sol-
dats ne s'amusassent en des vicieux exercices, mais fussent
tousiours attentifs à ce qui côcerne la milice, aiguisant leurs

esprits & se subtilisant. Que si nous croyons que ce soit Xer-xes, il l'a inuenté estant à Babylone au temps du regne de A-milino , Euilmerodache fils de Nabuchodnosor 3400. ans depuis la creation du monde, & 560. ans depuis la venue de IesusChrist, 192. ans depuis la fondation de Rome, suiuant la computation des auteurs approuuez.

Nous lisons que ce philosophe a inuenté ce Ieu pour trois raisons: l'vne, pour corriger les cruautez qu'Euilmerodache exerçoit, amander sa vie mauuaise & voluptueuse, & satisfai-re à la promesse qu'il auoit faite au peuple Babylonien, en preuoyant à la seureté de sa vie, entreprenant de reprendre celuy qui auoit pour semblable hardiesse faict mourir plu-sieurs sages & gens d'authorité. Il inuente donc ce ieu en ma-niere de guerre, l'exerçat auec Capitaines, Caualiers, & gens releuez de sçauoir & de pouuoir: la beauté du ieu faisoit que vn chacun s'y plaisoit. Et arriue que le Roy se trouuant au lieu où l'on l'exerçoit, il print plaisir tant en la nouueauté qu'en la subtilité du ieu, & voulut le sçauoir. Lors ce Philosophe luy dit : O Roy! tu ne peux iouër à ce ieu que premier tu ne sois escolier, & que tu le veuilles apprendre, à quoy le Roy s'accorda. Ce Philosophe tenant l'occasion au poing, luy monstra la forme de l'Eschiquier, & la proprieté de chaque piece, & començant par le Roy, descriuoit les vertus & bon-nes mœurs qu'vn bon Roy doit auoir, reprenât doucement la mauuaise vie de son Roy, soubs couleur de parler à vne tierce personne. Le Roy s'apperceuant du dessein du Philo-sophe, ayant fait mourir plusieurs qui l'auoient voulu repré-dre, commanda au Philosophe de luy dire, sur peine de la vie à quel dessein il auoit inuenté ce Ieu, & qui le luy auoit per-suadé, à quoy le Philosophe respondit : O mon Roy, mon

A iij

Seigneur, & mon maiftre, ie defire de voir ta vie glorieufe,
laquelle ie ne puis voir fi tu n'és aymé de ton peuple, & doué
de bonnes vertus, & tout ainfi que tu te commanderas à toy-
mefme, tu commanderas à tout le monde, eftant chofe iniu-
fte que celuy commande à autruy, qui ne fçait commander
à foy-mefmes : tu vois que tout ce qui eft violent ne dure
point. Et pour ce fujet mon deffein a efté de te remonftrer
doucement par cefte inuention, affeurant par ce moyen ma
vie, & fatisfaifant à la promeffe que i'ay faite à ton peuple qui
m'en a requis: ces raifons & cefte inuention agreerét au Roy,
fi bien que ce Philofophe auec la feureté de fa vie arriua heu-
reufement où il defiroit. La feconde raifon eft afin que par
ceft exercice l'on euitaft l'oifiueté qui engendre entre les hô-
mes mille vices & mille maux. La troifiefme, parce qu'vn chacun defire de fçauoir & ouyr chofes nouuelles, la nature de
l'homme eftant conuoiteufe & defireufe de nouueauté. Ce
Ieu eft en forme & maniere de guerre, pour monftrer la neceffité que le Roy a de côferuer fes fubiets, & les faire craindre plus par l'amour que par cruauté, afin de les trouuer à fa
neceffité prompts & de bonne volonté, & non point rebel-
les; il faut que celuy craigne plufieurs que plufieurs craignét,
les fubiets doiuét plus reuerer que craindre; c'eft pourquoy
la clemence eft requife aux Roys, & pour la conferuation de
leur perfonne, & de leur Royaume. Ce Philofophe par l'Efchiquier ou tablier a voulu reprefenter la Cité de Babylone,
& par les Efchets, le Roy & tous les nobles & ignobles de la
Cité. Or cefte Cité a efté grande & quarree, & en chaque
quartier elle auoit feize mil pas de mefure, lefquels diuifez en
quatre parts, font le quarré entier, & multipliez, font foixan-
te quatre mil pas: fi bien que diuifez en la multiplication de

huict fois huict, il fait le quarré parfaict.

Que signifient les trente-deux cases vuides au tablier.
CHAP. IIII.

CEs cases ou places sont vuides en l'Eschiquier , parce qu'il faut que celuy qui a à gouuerner vn peuple aye le soing non seulement d'auoir vne cité & republique pour l'habitatió de son peuple, mais aussi de terres & de possessiós pour faire trauailler ses subiects, afin que de leur trauail ils puissent tirer leur nourriture pour rédre seruice à leur Roy.

Des noms particulierement des Eschets & de leur situation
CHAP. V.

LEs noms des pieces principales des Eschets sont huict, la premiere & la principale est celle du Roy , au bié duquel ou en la mauuaise fortune, on dit perdre ou gaigner le ieu: la seconde est de la Royne, celles qui ioignét ces deux pieces du Roy & de la Royne sont proprement les appointez, que ous nómerós suiuát la cómune vsance, fols, l'vn du Roy & 'autre de la Royne: Apres ceux là viénent les cheuaux: celuy du costé du Roy s'appellera cheual du Roy, & l'autre de la Roie, à ces pieces ioignent les rocs, l'vn du Roy & l'autre de la oyne. En la seconde ligne sont les pions qui prennent leur om de la piece deuant laquelle ils sont, comme le pion qui st deuant le Roy, se nomme pion du Roy , le pion de la ame, le pion du fol du Roy, le pion du fol de la Dame, &c. e rxes fit faire ses Eschets d'or & d'argent, representant tous a figure humaine, aucuns les faisoient de voirre & d'iuoire:

mais cela ne faict rien pour la science, c'eft pourquoy nous en demeurerons là.

De la forme du Roy, de fa fituation, & comme il peut iouer, & de fon mouuement. CHAP. VI.

IL faut commencer par le Roy, eftant la principale piece du Ieu, lequel l'on formoit en figure d'homme couroné, affis dans vne chaire Royale, veftu de pourpre, tenant en fa main droicte vn fceptre, & en fa gauche vne boule ronde. La coronne reprefentoit la dignité & prerogatiue qu'il a fur tous les autres, la dignité Royale eftant la gloire du peuple, le pourpre fignifie quand le Roy doit reluire par deffus tous en vertu & bônes mœurs, parce que tout ainfi qu'vn bel hâbillemêt rend le corps plus ioly & plus popin, auffi les vertus perfectiônent l'ame & l'efprit de celui qui les poffede. Le fceptre denote la Iuftice qu'il doit garder enuers tous, recompenfant les vertueux & faifant chaftier les mefchans, laquelle gardée religieufement, faict croiftre les Roys en toute benedictiô du vray Dieu. Sceptre qui doit eftre de charité & de mifericorde enuers fes fubiects & non de faict & de rigueur, afin que la clemence conferue le Trofne Royal. La boule en la main donne à entédre qu'il faut que le Roy entende à l'adminiftration de tout fon Royaume, & voila quant au portraict. Pour la fituation l'on fçaura qu'on luy donne la quatriefine cafe ou place en l'efchiquer, qui eft au milieu de la ligne, par là nous faifant entendre qu'il faut que le Roy foit au milieu des fiens, adminiftrant la Iuftice à vn chacun, & procurant d'eftre tel, & proceder enuers les Princes & autres de fon confeil, comme fi eftant en leur place il euft defiré qu'on

euft

euſt procedé auec luy. Son marcher eſt comme de toutes
les pieces pour le premier coup ſil ſe remuë, ſans qu'aucune
violence luy ſoit faite, l'on appelle violéce quand il faut qu'il
ſe meuue par vn eſchec, & en ceſte neceſſité il ne peut marcher que pas à pas, & de caſe en caſe : que ſil ſe meut ſans eſchec, il peut ſauter trois caſes, pourueu qu'il trouue le chemin
deſembarraſſé, ſans que neantmoins il puiſſe prendre aucune
piece en faiſant ſon ſault, comme font toutes les autres
pieces : la liberté qu'il a pour le premier coup de ſaulter
trois caſes de la façon qu'il voudra, ou comme le roc,
ou comme le fol, ou comme la Dame, ou comme le cheual, ou comme le pion, luy procede de ce qu'il eſt Roy. On a
auſſi de couſtume de luy faire ſauter trois caſes, & tout d'vn
coup ioindre le roc à luy, comme par exemple, le pouſſer
de ſon coſté iuſques à la caſe de ſon cheual, & ioindre le roc
à la caſe du fol, & du coſté de la Dame le faire ſauter iuſques à
la caſe du fol, & luy ioindre le roc à la caſe de la Dame, cela
ſ'entend ſi toute la ligne eſt vuide, il y en a qui le font ſauter
toute la ligne, mais ce ieu n'eſt pas approuué, non plus que
d'vn coup luy faire remuer vn pion & le mettre en la place
du pion. Nous ſçaurons donc que le Roy de ſa place peut aller en neuf caſes, c'eſt à dire, peut ſauter de neuf ſaults, deux
en ſa ligne, l'vn à la caſe de ſon cheual, & l'autre en la caſe du
fol de la Dame, deux en la ligne ſecóde, l'vn à la caſe du pion
de ſon cheual, ſi elle eſt vuide, que l'on nomme la ſeconde
du cheual, & l'autre en la caſe du pion du fol de la Dame, que
l'on nomme ſeconde du fol de la Dame. En la troiſieſme ligne il peut faire cinq ſaults, l'vn à la troiſieſme caſe de ſon
cheual, l'autre en la troiſieſme de ſon fol, l'autre au milieu, en
la troiſieſme de ſoy meſme, l'autre en la troiſieſme de ſa Da-

B

me, & le dernier, à la troifiefme du fol de fa Dame, & tous ces
faults fe doiuent entendre fi les cafes font vuides, & qu'il n'y
aye aucun empefchemét par piece ou pion. Que fi l'on veut
que le Roy ne face le fault, il frappe, & va de fa cafe à cinq cafes: à la cafe de fa Dame, celle de fon fol, à la feconde de fa Dame, à la feconde de foy-mefme, & à la feconde de fon fol: que
fil fe trouue au milieu de l'Efchiquier, il peut aller deuát, der-
riere, de pointe, de trauers, & comme bon luy femblera pour
fa commodité.

De la forme de la Dame, de fa fituation, & de fon
mouuement. CHAP. VII.

LA Roine que nous appellons Dame, eftoit en forme
d'vne belle femme coronnée, affife dans vn fiege Royal, veftue de drap d'or, auec vn manteau rempli de diuerfes
broderies d'or & d'argent, Par la couronne & le fiege Royal
l'on denote fa dignité & authorité eftre efgale à celle du Roy,
& qu'eftant prudéte l'on la doit honorer & reuerer comme
luy, eftant la gloire, la coronne, & l'honneur de fon mary. Le
riche habillement & le manteau couuert de diuerfes broderies nous denotent la beauté & du corps & de l'efprit, & les
diuerfes veftures defquelles elle doit eftre doüee cóplaifant
de fa beauté feule à fon feul mary. La Dame du Roy blanc fe
place toufiours en la cafe bláche à main gauche de fon Roy,
cefte cafe blanche nous fignifie la chafteté qui embellit par-
faictement la femme, qu'elle doit foigneufement conferuer
auec fes autres vertus. Qu'elle foit à main gauche cela nous
denote qu'elle va foubs la protectió & defenfe de fon mary:
celle du Roy noir, eften vne cafe noire, & à la main droite, &

cecy eſt afin que les pieces reſpondent les vnes aux autres, en
l'ordre de l'Eſchiquier:nous pouuons encor dóner quelque
raiſon de ce qu'elle eſt en vne caſe noire à la dextre de ſon
mary,parce que la femme doit reluire ſeulement aux rayons
de ſon ſeul mary,de qui elle eſt plus honoree qu'aucune per-
ſonne de ſon Royaume,ce que ſignifie la main droite qu'elle tient,eſtant la couſtume de mettre à main droicte ceux à
qui l'on veut faire plus d'honneur. Elles ſont toutes deux ſi-
tuees & placees au milieu de leurs gens, repreſentant par là
la couſtume des Perſes & autres anciens qui tenoiét en leurs
aſſemblees la place du milieu la plus honorable. Pour ſon
mouuement nous dirons qu'elle peut courir par tout l'Eſ-
chiquier,trouuant le chemin deſembaraſſé,de droict,de trauers,comme bon luy ſemblera, prenant tout ce qu'elle ren-
contrera en ſa voye : elle va de pointe cóme le fol ou le pion:
elle a le prendre & le marcher de toutes les pieces,excepté du
cheual,& ce pour la faire vn peu differente du Roy , qui a le
marcher de toutes: ceſte puiſſance luy a eſté donnee à l'imitation des Amazones, d'où nous pourrions croire que Palamedes auroit eſté inuenteur de ce ieu, parce que Penthoſilea
Roine des Amazones vint au ſecours des Troyens, & fit de
beaux & valeureux exploicts de guerre côtre les Grecs. Que
ſi l'on veut croire que ça eſté le Philoſophe Xerces,nous dirons la Roine auoir eſté miſe en ce ieu ſuiuant la couſtume
des Rois de Perſe,qui menoiét leurs femmes auec eux quand
ils alloiét en guerre,comme nous liſons de Darius & de pluſieurs aultres. Ceſte Dame donc tient de ſon coſté autant de
pieces, & autant de pions que le Roy du ſien, leſquelles pieces prennent le nom de la Dame comme celles du coſté du
Roy le nom du Roy,affin de mettre difference entre les pie-

ces, & donner plus facile intelligence en ce Ieu.

De la forme, place & mouuement des appointez du Roy, que nous appellons fols. CHAP. VIII.

CEs pieces que nous appellons(pour suiure le commun) fols, estoiét figurez en forme de Iuges & accesseurs, assis en vne chaire, ayant vn liure ouuert deuant les yeux, & parce que les causes les vnes sont criminelles les autres ciuiles, il conuient qu'il y aye deux Iuges pour vuider tous les differens, l'vn à la case noire qui represente le Iuge criminel, l'autre en la case blanche le Iuge ciuil, leur office estoit de seruir de conseil au Roy, & par son commandement establir des loix pour le gouuernement du Royaume. A ceste charge il faut appeller des personnages sages & craignás Dieu & qui quittent toute passion particuliere pour rendre la Iustice esgalement à tous: l'vne des ces pieces icy est mise au costé du Roy, & l'autre au costé de la Dame, pour monstrer que les Princes doiuent auoir tousiours pres de leur personne leurs conseillers, & le Roy qui faict tout auec conseil, est gouuerné par la diuine sagesse, & ce conseil est particulierement requis aux affaires de la guerre. Le mouuement de ces pieces est de pointe, gardant tousiours le rang des cases où ils sont situez, comme sils sont à la case blanche, ils vont par toutes les cases blanches, si en la noire, par toutes les noires, pour faire cognoistre aux Iuges qu'ils se doiuent entendre seulement à ce à quoy ils sont appellez, sans se mesler d'autre charge que de la leur : ces pieces trouuant la place vuide de leur pion peuuent courir toutes les cases, prenát & frappant tout ce qu'ils rencontreront. Et pour voir clairement com-

me ils frappent ou prennent, confiderons les en leur cafe, fi
c'eft le fol du Roy bl. il peut frapper & à droiƈ & à gauche, à
droiƈ iufques en la troifiefme ligne de fon roc, à gauche depuis la fienne iufques à fix. Que fi nous le mettons au milieu
cóme à la quatriefme de fonRoy, il frappera de quatre parts,
de deux contre fes ennemis, & de deux vers les fiens. L'on a
fait cefte demande, quelle piece eftoit meilleure, ou le fol ou
le cheual, à quoy l'on a refpondu, que communement l'on
les tient pour efgales pieces, & par ainfi fuiuant la difpofition
du ieu, le fol fera meilleur, & quelquefois le cheual, & neantmoins il femble qu'on fe fert mieux du fol que du cheual,
parce que l'on peut donner le mat auec deux fols, & auec vn
fol & vn cheual, ce que l'on en peut auec deux cheuaux:
Dauátage le fol frappe de plus loing, couure mieux fon Roy
de l'efchec qu'on luy peut donner, & le couurant peut prendre la piece qui luy donne efchec ce que ne peut le cheual,
garde mieux fes pions, & eft gardé d'eux: ayde mieux à conduire fes pions à Dame: & conioinƈ auec vn roc il peut gaigner le ieu, ce que ne peut vn cheual : peut auec vn pion fer-
rer le paffage & à la Dame & au roc : le cheual a auffi des proprietez que n'a pas le fol, comme nous dirons cy apres.

*De la forme des cheuaux, de leur mouuement, & leur
fituation.* CHAP. IX.

L'On figuroit en ces pieces vn caualier à cheual, armé de
toutes pieces, pour faire cognoiftre leur charge, qui
eftoit de deffendre le peuple, & garder le royaume principalement en temps de guerre, afin qu'il n'arriuaft rien de preiu-
diciable au royaume: l'on met deux cheuaux, l'vn du cofté du

B iij

Roy, l'autre du cofté de la Roine, pour monftrer que les caualiers ne doiuent pas feulement feruice au Roy, mais auffi à la Roine, qui eft vne mefme perfonne & vne mefme chofe par le mariage auec le Roy, l'on les place & fituë apres les fols que nous auons dit eftre iuges, pour monftrer qu'il faut que les loix & la iuftice foit gardee, parce que aux loix & à la iuftice eft le falut de la Republique. Le mouuement de ce caualier eft de trois en trois cafes, non droites ou de trauers, ou de pointe, mais d'vne blanche à vne noire, & d'vne noire à vne blanche: il ne fait & ne chemine que trois cafes, parce qu'il doit imiter en tout & par tout fon Roy eftát en fa cafe: Il peut fortir par 3 coftez pour aller en bataille, fçauoir ou en la feconde de fon Roy, ou à la 3. du fol du Roy, ou à la troifiefme du roc, pourueu que les cafes foiét vuides, de mefme le cheualier de la Dame peut fortir ou à la feconde de fa Dame, ou à la troifiefme de fon fol, ou à la troifiefme de fon roc, les cafes n'eftans occupees: que fi elles eftoient occupees des ennemis, en fautant il les peut affaillir & prendre, & ainfi fuiure tout l'Efchiquier, deffendant les fiens, & attaquant fes ennemis. Ce cheualier a quelques proprietez qui ne font point communes à toutes les autres pieces, l'vne defquelles eft, que fon efchec ne peut eftre couuert, & faut de neceffité que le Roy fe remuë s'il ne peut prédre ladite piece, ou d'vn pion, ou de quelque autre piece. Que ce cheualier peut entrer dans vn ieu, quoy que bien lié & ferré, & en peut fortir, ce qu'aucune autre piece ne peut. Que contre vn caualier le roc feul & le Roy fans aucun pion ne peut gaigner le ieu, ce qu'il peut contre vn fol, quoy que difficilement: dauentage que fi les ieux font efgaux de pions, & qu'il y aye d'vn cofté vn cheual, d'autre cofté vn fol, celuy du cofté du cheual ayát

ſes pions en caſes ou le fol ne leur peut nuire , il aura grand a-
uantage, & en ce cas le cheual eſt piece meilleure que le fol.

Des rocs, de leur ſituation & mouuement.
CHAP.   X.

L'On depeignoit les rocs en forme de vieils cheualiers
ſans armes, à cheual, reueſtus d'vne robe fourree d'her-
mine, vn bonet à la teſte, & en la main vne verge ou baguet-
te repreſentát les Vicerois & Gouuerneurs deputez aux pro-
uinces eſloignees pour le Roy, qui ne peut eſtre preſent en
toutes les contrees de ſon royaume, à ceſte occaſion l'on les
eſloigne du Roy & de la Roine, & ſont ſituez aux dernieres
caſes: l'on doit obeyſſance à ces Gouuerneurs tout ainſi que
au Roy meſme. Le mouuement de ces pieces eſt tout droict
en vne caſe ou pluſieurs, ſuyuant que les caſes ſeront vuides
de leurs pions, ou pieces, & peuuent prendre tout ce qu'ils
rencontrét en leur chemin des ennemis: de leur place ils peuuent aller toute la ligne qu'ils tiennent deuant eux, & toute la
ligne qu'ils tiennent à coſté, mais touſiours tout droict ſans
aller de pointe comme le fol. C'eſt apres la Dame la piece la
plus importante du ieu, parce qu'auec le Roy il peut donner
le mar, ce que ne peut aucune autre piece, excepté la Dame:
ils ſortent les derniers de la ligne du Roy, monſtrant que
leur authorité ne ſe monſtre point iuſques à ce qu'il la faille
exercer, demeurant au palais iuſques à ce que le chemin leur
ſoit faict ou par les pions, ou par les pieces nobles.

Du mouuement & ſituation des pions.
CHAP.   XI.

LEs pions denotent le commun populaire & artifans, fans lefquels le royaume ne pourroit fubfifter, parce que toute Cité, toute Republique, tout Royaume a befoin d'ouuriers & artifans. De tous les piõs, comme du commun populaire, le mouuement eft femblable & efgal, bien que les vns foient meilleurs que les autres, & plus puiffants: leur mouuement donc eft d'aller droiċt de cafe en cafe, pouuant aller deux cafes fans celle où ils font pour leur premier coup qu'ils iouënt, mais ayant vne fois remué ou ioué, ils ne peuuent plus aller que cafe à cafe, iufques à ce qu'ils arriuent par leur valeur & vertu à la derniere cafe de l'Efchiquier en leur ligne, où ils acquierẽt la puiffance, authorité, & nom de Dame, c'eft à dire, qu'ils meritent d'eftre faiċts capitaines generaux en l'armee, & iufques à ce qu'ils foient faiċts Dames, ils ne peuuent rebroffer chemin, ny fe deftourner de leur ligne droiċte, finon qu'ils prennent en paffant ou pieces ou piõs, car ainfi ils fortiroient de leur ligne & feroient en vne autre. Leur prendre n'eft pas droiċt, mais de pointe, vne cafe deuant la leur, & ainfi donnent efchec au Roy, & bien fouuent en fe faifant Dames, ils le matent. De ceft efchec le Roy ne fe peut couurir, d'autant qu'il n'y a point de cafe entre-deux, & faut que de neceffité il fe remuë. Le pion du roc du Roy frappe à la troifiefme du cheual feulemẽt: le pion du cheual frappe à la troifiefme cafe du roc, & à la troifiefme du fol du Roy. Le pion du fol, à la troifiefme du cheual, & à la troifiefme du Roy: le pion du Roy à la troifiefme de fon fol, & à la troifiefme de la Dame. Celuy de la Dame à la troifiefme du Roy, & à la troifiefme du fol de la Dame: le pion du fol de la Dame à la troifiefme de fa Dame, & à la troifiefme du cheual. Celuy du cheual à la troifiefme du fol, & à la troifiefme du roc, le

roc, le pion du roc à la troisiesme du cheual seulemét, & parce que les pions du roc ne frappent que d'vn costé, quelques
vns les ont appellez demy pions, mais sortans de leur ligne
ils ont le mesme pouuoir que les autres , bien qu'ils soyent
pions de moindre vertu. L'on a de coustume de iouer en
Italie que le pion passe bataille, & cela s'entéd pour le premier sault, comme pour courir le Roy ou quelque aultre piece,
mais cela ne se doit pas exercer, n'estát pas à propos qu'vn pion peust librement passer par vn chemin qui seroit occupé
par son ennemy, il faut quil coure la fortune, ou que si son
ennemy luy veut permettre de passer librement, il passe, sinó
qu'il le tue, qu'il le prëne, selon qu'il verra sa cómodité, les pions sont situez deuant les pieces principales qui representét
les nobles, & doiuent seruir au besoing & necessité des prin-
cipaux. Ils sont mis en la seconde ligne, parce qu'il faut qu'ils
soient esloignez du conseil du Roy, comme n'ayant pas l'experience des affaires de la guerre, ils seruent de rempars & de
fortification aux gouuerneurs & capitaines , & encor qu'il
s'en perde beaucoup, la faute n'en est pas si grande , comme
d'vne des pieces principales. Nous ne nous arresterós pas à la
forme que l'on leur donnoit qui estoit humaine , ny à la si-
gnification de chasque pion, de la piece, deuant laquelle elle
est, parce que cela n'est pas necessaire pour l'exercice de ce
ieu.

Qu'est ce qu'Eschec simple, Eschec double, Eschec & mat,
    & Eschec suffoqué. CHAP. XII.

L'Eschec simple n'est autre chose sinon vn coup ou rencontre que quelque piece dóne au Roy, qui faict mou-

                                                    C

zir le Roy ſil n'a quelque piece de laquelle il ſe puiſſe couurir, ou quelque caſe pour s'enfuir, & pour ceſte violence
d'Eſchec il n'eſt pas permis au Roy de ſauter trois caſes, comme nous auons dit, encor que ce fuſt ſon premier coup, mais
ſeulement aller caſe à caſe & ſe retirer. Quand ceſt Eſchec
eſt ſimple il peut ſouuent eſtre couuert de quelque piece ou
pion, quelquefois auſſi il ne peut ſe couurir. Il y a les Eſchecs
doubles que nous appellons Eſchecs de deux pieces, & de
ceux-là le Roy ne ſe peut en aucune façon couurir, ny ſe reparer, parce que en vn meſme temps & d'vn meſme coup il
eſt attaqué de deux coſtez, tellement qu'il eſt contrainct par
force de quitter ſa place, s'enfuir, & ſe retirer en lieu où il
penſe auoir du ſecours des ſiens, ceſt eſpece d'Eſchec ſe faict
par la deſcouuerte de quelque piece, iouant ou vn pion ou
vne autre piece quelle qu'elle ſoit, & parce que ceſt Eſchec,
comme de deux coups donnez en meſme temps, encores
que toutes les deux pieces puiſſent eſtre priſes, toutesfois ne
pouuant pas eſtre priſes toutes deux d'vn ſeul coup, ceſt Eſchec ne peut aucunement eſtre couuert, ny ces pieces eſtre
priſes, ſinon par le Roy ſeul, qui peut prendre l'vne des pieces qui luy donne Eſchec, s'il ſe trouue en lieu où il le puiſſe,
& qu'il ſoit aſſez fort pour cela, & qu'en prenant l'vne il ſe
garde de l'autre. Il y a difference du mat qui ſe dit mat ſim-
plement, & du mat ſuffoqué: le ſimple, eſt quand l'on donne
telle rencontre qu'il ne peut fuir en aucune part, & appelle-
on Eſchec & mat : le mat ſuffoqué eſt celuy qui ſe faict ſans
violence d'Eſchec, & ce mat n'eſt proprement autre choſe
qu'enſerrer le Roy en lieu où il ne puiſſe eſtre ſecouru de
ſes pieces, tellement qu'il faut qu'il prenne compoſition, &
ceſte compoſition eſt le mat ſuffoqué, quand il ne peut ny

fuir, ny s'aider d'aucune de ses pieces ou pion, que s'il tenoit quelque piece ou pion pour iouer, cela representeroit quelque espece de secours. Celuy donc qui presse ainsi le Roy contraire, il gaigne la moitié du ieu seulement, & non le ieu entier, parce que le Roy estant encor en vie, & n'estant matté, & tué, quoy qu'il soit enserré bien estroictement, & qu'il n'aye moyen de iouer en aucune case, il doit estre pris à composition, qui est de la moitié du ieu, ou de plus ou de moins ainsi qu'il sera accordé, cela se prattique en Espagne, où sont les meilleurs ioueurs.

Aduertissement general à ceux qui veulent iouër aux Eschecs.

CEluy qui desire d'apprendre ce ieu doit estre aduerti de mettre l'Eschiquier en sorte que la derniere case à main droitte soit blanche : sçaura qu'il y a huict pieces principales & autant de pions, & autant de pieces & pions de l'autre costé, sçauoir le Roy, la Royne ou Dame, le fol du Roy, le fol de la Dame, le cheual du Roy, le cheual de la Dame, le roc du Roy, le roc de la Dame, lesquelles pieces se placent, sçauoir le Roy blanc à main droitte en case noire, & la quatriesme de la premiere ligne : aupres de luy à droitte est le fol en case blanche, apres le cheual en case noire, & puis le roc du Roy à la case blanche. En la main gauche la Dame ioignant au Roy, au milieu de la ligne en case blanche, son fol apres en case noire, le cheual en case blanche, & son roc en case noire, les trois pieces qui sont au costé du Roy s'appellent pieces du Roy, celles qui sont du costé de la dame, pieces de la dame.

C ij

Le mesme est aux pieces noires, excepté qu'estant opposées l'vne à l'autre, elles sont en cases differentes, celuy qui ioue les noires tient au contraire du blanc, son Roy à la main gauche, & toutes les pieces du Roy à la gauche, la Dame à la droite en case noire, &c. parce qu'il faut que les Rois soient frot à frot, & aussi les autres pieces. Il sçaura encores que la case où la piece est sienne, s'appelle case de telle piece, là où est le roc, s'appelle case du roc, & ainsi des autres pieces, le mesme se faict aux pions, comme le pion du Roy, le pion du roc &c. sçaura que la seconde case de la ligne du roc s'appelle seconde du roc, seconde du fol du Roy, seconde du fol de la dame, &c. sçaura que pour bien iouër il faut vaincre son aduersaire de viue force, & rien par erreur; que le iouëur regarde deux fois auant qu'il ioue, de peur qu'il ne ioue des coups infructueux & en vain, qui donnent moyen à l'aduersaire d'ageancer son ieu: qu'il sorte toutes ses pieces sans les tenir enserrees, afin qu'il s'en puisse ayder, & pour se deffendre, & pour assaillir, Qu'il aye tousiours les pions du Roy & de la Royne deffendus: Qu'il tienne ses pions vnis & liez les vns aux autres, de maniere que l'vn deffende l'autre; Qu'il tasche de ne point doubler ses pions, sinon que ce fut pour gaigner vne piece, ou pour mieux ordonner son ieu: qu'il tasche oportunémét mettre son Roy en seureté, en luy faisant faire le sault ou autrement comme il verra, fortifiant le lieu ou le Roy est, tant de ses pions que de ses pieces, sans qu'il remue les pions qui sont deuant le Roy. Qu'il ne donne iamais vne piece pour deux pions ny pour trois, sinon en grande necessité, & obseruant toutes ses particularitez, conduisant son ieu comme il verra aux liures suiuans, il se fera bon iouëur.

FIN DV PREMIER LIVRE.

LIVRE SECOND.

Comment il faut ordonner son ieu: les moyens d'assaillir
& deffendre. CHAPITRE I.

LE blanc ayant à iouer le premier, il iouera le pion
du Roy tant qu'il peut aller, si le Noir ioue le pion
de son Roy tant qu'il peut aller, le Blanc iouera le
pion du fol de la Dame vne case : si le Noir ioue le
cheual de son Roy à la 3. de son fol, pour prendre le pion du
Roy, le Blanc iouera la Dame à la 2. de son fol: si le N. ioue le
fol du Roy à la 4. du fol de sa Dame, le Blanc ioue le cheual
du Roy à la troisiesme de son fol, si le Noir ioue le cheual de
sa Dame à la 3. de son fol pour garder le pion du Roy, le Bl.
ioue le fol du Roy à la 4. du cheual de la Dame contraire,
dessus le cheual: si le Noir ioue le pion de la Dame vne case,
pour garder le pion du Roy, le Blanc poussera le pion de la
Dame tant qu'il peut aller dessus le fol contraire: si le Noir le
prend auec le pió de son Roy, qui est ce qui se peut de mieux
iouer, Le Bl. prendra auec le pion du fol de la Dame : si le N.
donne Eschec auec son fol à la 4. du cheual de la Dame contraire, le Bl. se couurira auec le cheual de la Dame à la 3. du fol,
si le Noir ioue le fol de sa Dame à la 2. de ladite Dame. Pour
empescher la descouuerte, le Blanc ioue le roc du *Roy* à la
case du fol pour transporter le *Roy*, & ainsi son ieu sera bien
ordonné.

Si au commencement quand le Noir a gardé le pion du
Roy auec le cheualier de la Dame, il l'euſt gardé auec la Dame, la iouant à la 2. de ſon Roy, ce fuſt eſté mieux ioué, parce
que le Blanc ne pourra aduancer le pion de la Dame tāt qu'il
peut aller, afin de ne perdre le pion de ſon Roy, le noir prenant le pion de la Dame contraire, & incontinent celuy du
Roy auec la Dame, en donnant Eſchec auec le fol, & ſi le N.
ſe couure auec le fol, le Bl. prendra le pion auec le cheual, &
non auec la Dame, & ainſi pourra gaigner le ieu.

Autre maniere d'ordoner ſon ieu.
CHAP. II.

L E Bl. pouſſant le pion du Roy tant qu'il peut aller : ſi le
N. ioue le pion du Roy de meſme tant qu'il va, le blanc
ioue le pion du fol de la Dame vne caſe: ſi le N. ioue le cheual du Roy à la 3. du fol deſſus le pion contraire, le bl. iouera
la Dame à la 2. de ſon fol pour garder ſon pion : ſi le N. ioue
le fol du Roy à la 4. du fol de ſa Dame, le bl. pouſſera le pion
du fol du Roy, tant qu'il va pour rompre le ieu de ſon contraire: ſi le N. ioue le cheual de ſon Roy à la 4. du cheual du
Roy contraire, le blanc iouera le cheual de ſon Roy à la 3. du
fol: ſi le N. ioue le cheual du Roy à la 2. du fol du Roy blanc
deſſus le roc, le blanc pouſſera le pion de ſa Dame, tant qu'il
va deſſus le fol contraire: ſi le N. le prend auec le pion de ſon
Roy, le blanc prendra le cheual auec ſa Dame, que ſi le N. ne
prend ledit pion, ains prend le roc auec ſon cheual, le blanc
prendra le fol auec le pion de ſa Dame : ſi le N. prend le pion
du fol auec celuy de ſon Roy, le bl. le prendra auec le fol de
la Dame, & ainſi gaignera le ieu, parce que faiſant faire le ſaut

au Roy à la cafe de fon cheual, il gaignera le cheual contraire qui ne pourra fortir ny eftre fecouru.

Mais au lieu que le N. a ioué le cheual fur le roc, comme il a efté dict, s'il euft dōné Efchec auec le fol à la 2. du fol du Roy cōtraire, le Bl. iouera le Roy à fa 2. fi le N. ne retire fon fol, le Bl. gaignera vne piece, pouffant le piō du roc du Roy vne cafe deffus le ch. cōtraire: que fi le N. retire fon fol, & le ioue à la 3. du cheu. de fa dame, le Bl. gaignera le piō du Roy, le prenāt auec le piō du fol, & ainfi demeurera auec vn piō dauātage.

Autre maniere d'ordonner fon ieu par vn mefme
commencement.   CHAP. III.

LE Bl. pouffant le pion du Roy tant qu'il va: fi le N. pouffe de mefme le pion de fon Roy tant qu'il va, le Bl. iouera le pion du fol de la Dame vne cafe : fi le N. ioüe le cheual du Roy deffus le pion contraire, le Bl. le gardera, ioüāt la Dame à la 2. de fon fol: fi le N. ioüe le fol du Roy à la 4. du fol de fa Dame, le Bl. pouffera le pion du fol dū Roy tant qu'il va: fi le N. le prend auec le pion de fon Roy, le Bl. pouffera le pion de fa Dame tant qu'il va deffus le fol: fi le N. le retire, le Blanc prendra le pion du Roy contraire auec le fol de fa Dame, & ordonnera ainfi mieux fon ieu que fon ennemy.

Que fi deuant que le N. prenne le pion auec celuy de fon Roy, il prēd le cheu. du Roy contraire auec fon fol, le bl. prēdra le fol auec le roc, qui eft ce qui peut le mieux iouër, parce que s'il prenoit le piō du Roy auec celui de fon fol chargeāt deffus le ch. cōtraire, le N. prēdroit auec le fōl le piō du roc, & le Bl. le prenant ou ne fçachant pas iouër, le N. auroit gaigné vn pion, mais retournant arriere qui eft quand le Noir a pris le cheual auec le fol, & le blanc le fol auec le roc, fi le

Noir prend le pion du fol auec celuy de son Roy, le Bl. iouera
le pion de la Dame vne case, descouurant le fol, dessus le pió
du Roy contraire, si le Noir iouë le cheual à la quatriesme de
son roc, gardant ses pions, le Blanc iouëra la Dame à la deux-
iesme du fol de son Roy pour prendre le pion, si le Noir le
garde auec la Dame, la iouant à la troisiesme du fol de son
Roy, le Blanc iouera le fol du Roy dessus le cheual contraire,
& ainsi aura gaigné par force le pion, & aura meilleur ieu
que son ennemi: Que si le Noir ne garde le pion auec la Dame, mais seulement auec le pion du Cheuallier du Roy, le
poussant autant qu'il peut aller. Le Bl. iouera le fol à la seconde du Roy dessus le cheual contraire. Si le Noir ioue le cheual à sa seconde du mesme cheual, le Blanc iouera le pion du
cheual de son Roy vne case: si le Noir le prend auec celuy de
son Roy, le Blanc le prendra auec la Dame, chargeant sur le
pion du cheual, & si le Noir le garde auec le pion du roc, le
Blanc poussera le pion du roc de son Roy, tant qu'il va pour
mettre en desordre l'ennemy. Si le Noir ioue le pion du fol
de son Roy vne case pour le garder: le Blanc poussera le pion
de son Roy pour le rompre, si le Noir ioue le cheual du Roy
à la troisiesme du mesme Roy gardant son pion, le Blanc luy
dónera Eschec auec le fol à la quatriesme du roc contraire, &
ainsi que le Noir ioue ce qu'il voudra, le Blanc pourfuiuant
son ieu gaignera : Que si le Noir ne ioue le cheual comme
nous auons dit à la troisiesme de son Roy, mais le ioue à la
quatriesme du fol de son Roy dessus la Dame blanche, & le
pion du roc, le Blanc iouera la Dame à la quatriesme du cheual de son Roy, dessus le cheual contraire: si le Noir prend du
cheual le pion du roc, le Blanc donnera Eschec auec la Dame
à la quatriesme du roc contraire: si le Noir ioue son Roy à la
case

caſe de ſon fol, le blanc prendra le pion du cheual auec le fol de la Dame: ſi le noir le prend auec le pion du fol, le blanc luy donnera Eſchec auec le roc en la caſe du fol de ſon Roy, & apres mat auec la Dame à la 2. du fol du Roy contraire, ainſi quoy qu'il ioue le blanc aura gaigné.

Aduertiſſement.

MAis quand le noir a pouſſé le pion du fol du Roy, cóme il a eſté dict, s'il ne l'euſt ioué, ains le cheual du Roy à la 3. du meſme Roy, le blanc prendra le pion du cheual auec le pion du roc: ſi le noir ioue le roc de ſon Roy à la caſe du cheual, le blanc iouera ſa Dame à la ſeconde du roc de ſon Roy: ſi le noir prend le pion auec celuy de ſon roc, le blanc iouera le fol de ſon Roy à la quatrieſme de ſon cheual: ſi le noir ioue la Dame à la ſeconde de ſon Roy, le bl. iouera la Dame à la ſeconde du roc contraire: ſi le noir ioue le roc à la ſeconde du cheual deſſus la Dame, le blác iouera la Dame à la 3. du meſme roc: ſi le noir ioue le meſme roc à la 3. du cheual deſſus la Dame, le blanc donnera Eſchec auec ſa Dame à la caſe du roc contraire: ſi le noir ſe couure auec ſa Dame qui eſt ce qu'il peut le mieux iouer, le blanc chágera ſa Dame, & prenant le noir auec ſon cheual, le bl. iouera le fol du Roy à la quatrieſme du fol du Roy contraire deſſus le roc, & ainſi il aura recouuert ſon pion, & demeurera ſon ieu bien ordonné. Mais quand le noir a ioué le roc à la 3. du cheual deſſus la Dame s'il euſt pouſſé le pion du fol du Roy vne caſe, gardát le roc auec ſa Dame, qui ſemble eſtre vn bon coup: mais il ne l'eſt pas, parce que le blanc iouera le roc à la caſe du fol, & ainſi aura recouuert vn pion, & gaignera le ieu.

D

Aduertiſſement.

ET quand le noir a pris le pion du Roy contraire auec le
pion de ſon Roy, s'il ne l'euſt pris qu'auec le cheual, le bl.
faira ſauter ſon Roy à la ſeconde caſe du fol de ſa Dame, afin
qu'on ne luy donne Eſchec auec le cheual pour gaigner le
roc, ainſi aura meilleur ieu, bien que le noir aye vn pion dauantage, mais ſon ieu eſt deſordonné.

Aduertiſſement.

QVand le noir a ioué le cheual à ſa ſecõde, s'il l'euſt ioué
à la 3. du fol de ſon Roy, le blanc ioue le pion du cheual de ſon Roy vne caſe, ſi le noir le prend auec le pion de
ſon Roy, le blanc le prẽdra auec le pion du roc: ſi le noir garde le pion du cheual auec le pion de ſon roc, le blanc iouera
le roc à la caſe du fol deſſus le cheual: ſi le noir ſaute auec ſon
Roy à la ſeconde de ſon cheual pour le garder, le bl. pouſſera
le pion du Roy vne caſe deſſus le cheual, & ainſi le noir aura
perdu le ieu. Que ſi le noir ne garde le pion du cheual auec
celuy du roc, ains qu'il le garde auec la Dame, retournant ſon
cheual à ſa propre caſe, le bl. iouera le roc à la caſe de ſon fol,
& ſi le noir ioue le cheual à la troiſieſme de ſon roc qui eſt le
meilleur gardant le pion du fol, le blanc iouera la Dame à la
ſeconde du roc de ſon Roy deſſus le cheual, & ſi le noir le retourne à ſa caſe pour ne le pas perdre, le bl. iouera la Dame à
la quatrieſme du roc contraire, & ainſi pourſuiuant ſon ieu
il gaignera.

Autre maniere d'ordonner son ieu.
CHAP. III.

LE blanc pouſſant le pion du Roy tant qu'il va : ſi le noir
pouſſe le pion de ſon Roy tant qu'il va , le bl. iouera le
fol du Roy à la quatrieſme du fol de ſa Dame : ſi le noir ioue
le meſme, le blanc iouera le pion du fol de la Dame vne caſe :
ſi le noir ioue le cheual du Roy à la 3. du fol, le blanc iouera le
pion de la Dame tant qu'il va deſſus le fol contraire : ſi le noir
le prend auec le pion de ſon Roy , le blanc prendra auec le
pion du fol de la Dame : ſi le noir donne Eſchec auec le fol à
la quatrieſme du cheual de la Dame contraire , le blanc ſe
couurira auec le fol, & le noir le prenant auec ſon fol, le bl. le
prendra auec ſon cheual, & gardera le pion du Roy , & ainſi
le fol pour aſſaillir le Roy côtraire demeurera au bl. & le noir
l'aura perdu.

Mais ſi le noir ne donne Eſchec auec le fol, ains le retire à
la 3. du cheual de ſa Dame, le blanc iouera le cheual de ſa Dame à la 3. de ſon fol, & ainſi pourra bien ordonner ſon ieu, &
au lieu que le noir a prins le pion de la Dame contraire auec
le pion de ſon Roy, & le blanc la prins auec le pion du fol de
la Dame : s'il euſt premierement pouſé le pion du Roy deſſus le cheual , le noir euſt ioué ledit cheual à la quatrieſme
du Roy contraire , le blanc iouera le fol du Roy à la 4. de la
Dame contraire deſſus ledit cheual, & ſi le noir le veut changer prenant le pion du fol du Roy à bonne heure, mais il me
ſemble que le cheual eſt meilleur que deux pions, principal-
lement au commencement du ieu, que ſi il ne le change, ains
ioue le pion du fol de ſon Roy pour le garder, le blanc pren-

D ij

dra le cheual auec le fol, & le noir le prenant auec le pion, le
blanc prendra le pion du Roy auec le pion du fol de fa dame,
& ainfi fon ieu fera bien ordonné.

Aduertiffement.

ET quand le blanc a pouffé le pion de fon Roy vne cafe
deffus le cheual contraire, le noir euft ioué la dame à la
feconde de fon Roy, & le blanc euft pris le pió du Roy
contraire auec le pion du fol de fa Dame, le noir donnera Efchec auec le fol de fon Roy à la quatriefme du cheual de la
Dame contraire : fi le bl. fe couure auec le cheual de la Dame
à la 3. du fol, le noir pouffera le pion du fol de fa Dame tant
qu'il va pour rompre le ieu du blanc : fi le blanc ioüe le cheu.
du Roy à la feconde de fon Roy pour couurir la defcouuerte
de la Dame contraire, le noir iouera le cheual de fon Roy à la
quatriefme du Roy contraire, & ainfi le mettra en defordre :
mais fi le blanc peut faire faurer fon Roy à la cafe de fon cheual, qui eft ce que peut iouer de mieux, afin que fon ieu ne
foit defordonné.

Autre maniere d'ordonner fon ieu.
CHAP. IIII.

LE blanc pouffant le pion du Roy tant qu'il va : fi le noit
ioue le miefme, le bl. iouera le fol du Roy à la quatriefme
du fol de fa Dame : fi le noir ioue le fol de fon Roy à la quatriefme du fol de fa Dame, le blanc iouera le pion du fol de fa
Dame vne cafe : fi le noir ioue le cheual du Roy à la 3. de fon
fol deffus le pion du Roy contraire, le blanc pouffera le pioɔ

de sa Dame tant qu'il va dessus le fol contraire : si le noir retire son fol à la 3. du cheual de sa Dame, le blanc prendra le pió
du Roy auec celuy de sa Dame : si le noir préd le pion du Roy
contraire auec son cheual, le blanc prendra auec le fol de son
Roy le pion du fol du Roy contraire en donnant Eschec : si
le noir le prend auec son Roy, le blanc luy donnera Eschec
auec sa Dame à la quatriesme de la Dame contraire pour prédre le cheual, & ainsi aura gaigné vn pion , & aura bon ieu:
mais si le Roy ne prend pas le fol blanc, mais ioue le Roy à la
case de son fol , le blanc iouera la Dame à la 3. du fol de son
Roy , & ioüe le noir ce qu'il voudra, le blanc a meilleur ieu,
parce que si le noir ioue son cheual à la quatriesme du mesme cheual dessus la Dame & le fol blanc, le blanc le prendra
auec le fol de sa Dame, & prenant le noir auec sa Dame dessus
le pion du Roy contraire, le blanc iouera le fol de son Roy à
la quatriesme de la Dame contraire, donnant Eschec à la descouuerte auec la Dame, & afin qu'il garde le pion du cheual
de son Roy changeant le noir son Roy où il verra estre bõ,
le blanc luy donnera autre Eschec auec la Dame à la seconde du fol du Roy contraire, & iouant le noir son Roy à la case de sa Dame , le blanc poussera le pion du fol de son Roy
tant qu'il va dessus la Dame contraire, & ainsi aura bon ieu.

Aduertissement.

MAis si le noir au lieu de changer le Roy à la case de son
fol, il eust mis à la seconde du mesme Roy, le bl. n'eust
pa ioué la Dame à la 3. du fol de son Roy, mais à la quatriesme de la Dame contraire, & si le noir prend le pion du fol
du Roy contraire auec son fol donnant Eschec, le blanc châ-

gera fon Roy à la feconde: fi le noir prend le cheual auec fon
fol, le blanc le prendra auec fon roc: fi le noir ioüe le roc ou
la Dame à la cafe du fol de fon Roy, le blanc iouera fon roc à
la cafe du fol de fon Roy, & ainfi aura fon ieu bon: Que fi le
noir deuant que prendre le cheual auec fon fol, ioüe fa dame
à la cafe du fol de fon Roy deffus le fol contraire, le bl. iouera
le fol a la quatriefme du roc du Roy contraire, & fi le noir ce-
pendant prend le cheual auec fon fol, le blanc prēdra le cheual contraire auec fa Dame: fi le noir donne Efchec auec la
Dame à la feconde du fol du Roy contraire , le blanc changera fon Roy à la cafe de fa Dame : fi le noir ioue le pion du
roc vne cafe pour empefcher vn Efchec , le blanc iouera la
Dame à la 3. du cheual du Roy contraire: fi le noir ioue le roc
à la cafe de fon cheual pour garder le pion, le blanc iouera le
cheual de la Dame à la feconde de la Dame: fi le noir ioüe le
cheual de fa Dame à la 3. de fon fol , le blanc iouera le cheual
de fa Dame à la quatriefme de fon Roy deffus la Dame contraire: fi le noir prēd auec fon cheual le pion du Roy, & chargeant deffus la Dame contraire, le blāc donnera Efchec auec
le fol de la Dame à la 4. du cheual du Roy contraire , & ainfi
aura gaigné la Dame on luy donnera le mat.

Pour ordonner bien le ieu du noir n'ayant pas la main
à iouer. CHAP. V.

LE blanc pouffant le pion du Roy tant qu'il va le N. ioue.
le mefme: fi le blanc ioue le fol du Roy à la quatriefme
du fol de la Dame , le noir ioue le mefme: fi le blanc ioue le
pion du fol de la Dame vne cafe , le noir iouera la Dame à la
feconde de fon Roy, afin que le blanc ne pouffe pas le pion

e ſa Dame tant qu'il va de peur de perdre le pion du Roy, &
pourſuiuant le noir pourra bien ordonner ſon ieu.

Que ſi le noir ne veut iouer ſa Dame à la ſeconde de ſon
Roy, qu'il iouë le cheual du Roy à la 3. du fol : ſi le blanc ioue
le pion de la Dame tant qu'il va, le noir le prendra auec celuy
de ſon Roy, & le blanc le prenant auec le pion du fol de la
Dame, le noir donnera Eſchec auec le fol à la quatrieſme du
cheual de la Dame contraire, & le blanc ſe couurant auec le
fol de ſa Dame à la ſecóde de ſa Dame, le noir le prendra auec
le ſien, & le blanc le prenant auec le cheual de la Dame pour
garder le pion du Roy, le noir pouſſera le pion de ſa Dame
tant qu'il va deſſus le fol contraire pour rompre le ieu, & ainſi ſoit que le blanc prenne ou qu'il ne prenne point, le ieu du
noir ſera meilleur pour auoir ſes pions ioinɛts enſemble.

Autre maniere d'ordonner ſon ieu.
CHAP. VI.

LE blanc pouſſant le pion du Roy tant qu'il va : ſi le noir
ioue le meſme, le blanc iouera le fol du Roy à la quatrieſme du fol de la Dame : ſi le noir ioue le cheual du Roy à
la 3. du fol, le blanc iouera le pion de la Dame vn caſe, ſi le N.
ioue le fol du Roy à la quatrieſme du fol de la Dame, le blanc
iouera le pion du fol du Roy tant qu'il va : ſi le noir pouſſe le
pion de la Dame vne caſe, le blanc iouera le cheual du Roy à la
3. du fol : ſi le noir ioue le cheual du Roy à la quatrieſme du
cheual du Roy contraire, le blanc iouera la dame à la ſeconde de ſon Roy : ſi le noir donne Eſchec auec le fol de ſon
Roy à la ſeconde du fol du Roy contraire, le blanc iouera ſon
Roy à la caſe de la Dame : ſi le noir retire ſon fol à la 3. du che-

ual de ſa Dame, le blanc iouera le roc à la caſe du fol du Roy: ſi le noir ioue le cheual de la Dame à la troiſieſme du fol, le bl. pouſſera le pion du roc du Roy vne caſe deſſus le cheual cótraire: ſi le noir ioue ledit cheual à la troiſieſme du fol de ſon Roy, le blanc iouera le fol du Roy à la quatrieſme du cheual de la Dame contraire deſſus le cheual: ſi le noir ioue le fol de la Dame à la ſeconde de la Dame, afin d'oſter la deſcouuerte, le blanc prendra le cheual auec ſon fol, & le noir le prenant auec le fol de ſa Dame, le blanc prendra le pion du Roy auec le pion du fol, & le noir le prenant auec le pion de ſa Dame, le blanc le prendra auec le cheual de ſon Roy chargeant deſſus le fol contraire, & ſi le noir prend auec ledit fol le pion du Roy cótraire, parce qu'il ne ſe peut deſcouurir, le blanc iouera le cheual de ſon Roy à la quatrieſme du meſme cheual deſſus le cheual du Roy contraire, & ainſi aura gaigné le fol, & aura grand aduantage.

Autre maniere d'ordonner ſon ieu, commenceant par le pion du Roy. CHAPITRE. VII.

LE blanc pouſſant le pion du Roy tant qu'il va, ſi le noir ioue le meſme, le blanc iouera le fol du Roy à la quatrieſme du fol de ſa Dame: ſi le noir ioue le meſme, le bl. iouera la Dame à la ſeconde de ſon Roy: ſi le noir pouſse le pion de ſa Dame vne caſe, le blanc pouſsera le pion du fol de la Dame vne caſe: ſi le noir ioue le cheual du Roy à la troiſieſme du fol, le blanc pouſsera le pion du fol du Roy tant qu'il va: ſi le noir le prend du pion de ſon Roy, le blác pouſsera le pion de ſa Dame tant qu'il va deſus le fol contraire, & apres prendra le pion du Roy auec le fol de ſa Dame, mais ſi le noir au lieu de prendre

de prendre le pion euſt pris le cheual du Roy auec ſon fol,
le blanc le prendra auec le roc: ſi le noir prend le pion du fol
auec le pion de ſon Roy, le blanc pouſſera le pion de ſa Dame
vne caſe, deſcouurant le fol de la Dame deſſus le pion côtraire: ſi le noir le garde auec le pion du cheual du Roy, le pouſſant tant qu'il va, le blãc iouera le pion du cheual de ſon Roy
vne caſe: ſi le noir le prend, le blanc prendra le pion du cheual auec le fol de ſa Dame: ſi le noir prend le pion du roc, le
blanc le prendra auec la Dame: ſi le noir ioue le roc à la caſe
du cheual deſſus le fol, le blanc pourra prenant ſon cheual
gaigner deux pions celuy du fol du Roy & celuy du roc: parce que ſi le noir euſt prins le roc contraire auec le ſien, donnant Eſchec, le blanc le prendra auec ſa Dame, & le noir prenant le fol auec ſa Dame, le blanc donnera Eſchec à la caſe du
cheual, & le noir changeant le Roy à la ſeconde de ſa Dame
pour ne perdre le fol, le blanc prendra le pion du fol auec
ſon fol, & ſi le noir pour n'eſtre mat ioue la Dame à la ſeconde de ſon Roy, le blanc pourra prendre le pion du roc auec
ſa Dame, & ainſi ſeroit auec vn pion dauantage.

Aduertiſſement.

MAis au lieu que le noir a ioué le roc à la caſe du cheual,
s'il euſt ioué le cheual de la Dame à la ſeconde de ſa
Dame pour garder ſon autre cheual, le blanc iouera le roc à
la caſe du fol du Roy deſſus le cheual, & ſi le noir euſt ioué
tandis le roc à la caſe du cheual, le blanc euſt pris auec la Dame le pion du roc pour luy donner le mat: ſi le noir le prend
auec le cheual, le blanc prendra le pion du fol du Roy auec
ſon fol donnant Eſchec, & le noir changeant le Roy à la ca-

E

ſe de ſon fol, le blanc prendra la Dame auec ſon fol , & aura
gaigné vn autre pion, & aura ſon ieu bien ordonné.

Autre maniere d'ordonner ſon ieu.
CHAP. V.I.LI.

LE blanc pouſſant le pion du Roy tant qu'il va: ſi le noir
ioue le meſme , le blanc iouera le fol du Roy à la 4. du
fol de la Dame: ſi le noir ioue le meſme, le blanc iouera la Dame à la ſeconde de ſon Roy: ſi le noir pouſſe le pion de la Dame vne caſe, le blanc pouſſera le pion du fol de la Dame vne
caſe: ſi le noir ioue le cheual de la Dame à la 3. de ſon fol , le
blanc pouſſera le pion du fol du Roy tant qu'il va : ſi le noir
le prend du pion de ſon Roy, le blanc pouſſera le pion de ſa
Dame tant qu'il va deſſus le fol contraire : ſi le noir donne
Eſchec de la Dame à la quatrieſme du roc contraire, le blanc
rangera ſon Roy à la caſe de ſa Dame : ſi le noir ioue le fol de
ſa Dame à la quatrieſme du cheual du Roy contraire deſſus la
Dame, le blanc iouera le cheual de ſon Roy à la 3. de ſon fol
couurant la Dame, & changeant deſſus la Dame contraire: ſi
le noir le prend pour ne perdre le fol du Roy, le blanc le prédra de la Dame , & ainſi par force aura reçouuert ſon pion:
mais ſi le noir au lieu de iouer le fol de ſa Dame, comme a e-
ſté dict, euſt retiré le fol de ſon Roy à la 3. du cheual de ſa Dame, le blanc iouera le cheual de ſon Roy à la 3. de ſon fol deſſus la Dame contraire: ſi le noir ioue la Dame à la quatrieſme
du cheual du Roy contraire gardant ſon pion, le blanc pouſſera le pion du roc vne caſe deſſus la Dame : ſi le noir ioue la
Dame à la 3. dudit cheual gardant ſon pion, le blanc iouera le
cheual de ſa Dame à la ſeconde de la Dame: ſi le noir ioue le
cheual du Roy à la 3. de ſon fol, le blanc iouera le roc du Roy

à la case du Roy: si le noir ioue le cheual du Roy à la quatriesme de son roc pour garder son pió, le blanc poussera le pion du Roy vne case plus auant, & ainsi poursuiuant son ieu gaignera.

Autre maniere d'ordonner le ieu.
CHAP. IX.

LE blanc iouant le pion du Roy tant qu'il va: si le noir ioue le mesme, le blác iouera le fol du Roy à la quatriesme du fol de la Dame: si le noir faict le mesme, le blanc iouera la Dame à la seconde de son Roy: si le noir pousse le pion de la Dame vne case, le blanc poussera le pió du fol de la Dame vne case: si le noir ioue le cheual de la Dame à la 3. de son fol, le blanc poussera le pion du fol du Roy tant qu'il va: si le noir prend du fol le cheual du Roy contraire, le blanc le prédra du roc, & si le noir prend du pion de son Roy le pion du fol du Roy contraire, le blanc poussera le pion de sa Dame tát qu'il va: si le noir donne Eschec de la Dame à la quatriesme du roc contraire, le blanc se couurira du pion du cheual: si le noir le prend du pion de son Roy, le blanc le prendra auec son roc: si le noir ioue le cheual de son Roy à la 3. de son fol, le blanc iouera le fol de la Dame à la quatriesme du cheual du Roy contraire dessus la Dame & cheual contraire: si le n. ioue la Dame à la quatriesme du roc pour changer la Dame, le blanc iouera sa Dame à la seconde du cheual de son Roy: si le noir ioue le cheual du Roy à la quatriesme du cheual contraire du Roy, le blanc retirera le fol de sa Dame à la seconde de la Dame: si le noir prend le pion du roc auec la Dame, le blanc prendra le cheual du roc qu'il gaigne pour vn pion.

E ij

Que si le noir ne prend le pion de la Dame qu'auec le cheual, le blāc iouera le fol du Roy à la seconde de son Roy dessus la Dame contraire, & ainsi aura tousiours gaigné le cheual.

Autre maniere d'ordonner son ieu.
C H A P.   X.

LE blanc poussant le pion du Roy tant qu'il va: si le noir
ioue le mesme, le blāc iouera le fol du Roy à la quatriesme du fol de la Dame: si le noir ioue le pion du fol de sa Dame vne case, le blanc iouera la Dame à la seconde de son Roy,
si le noir ioue le fol du Roy à la quatriesme du fol de la Dame, le blanc poussera le pion du fol du Roy tant qu'il va: si le
noir le prend du pion de son Roy , le blanc iouera le cheual
du Roy à la 3. du fol : si le noir retire le fol du Roy à la 3. du
cheual de la Dame, le blanc poussera le pion de sa Dame tant
qu'il va: si le noir pousse le pion du cheual du Roy tant qu'il
va pour garder son pion, le blanc poussera le pion du roc de
son Roy tant qu'il va pour rompre le ieu contraire: si le noir
pousse le pion du cheual vne case dessus le cheual contraire,
le blanc iouera le cheual à la quatriesme du Roy contraire
pour prendre le pion du fol du Roy, si le noir pour le garder
ioue le cheual à la 3. de son roc , le blanc prendra le pion du
fol de la Dame chargeant sur le cheual contraire : si le noir
prend le pion de la Dame du fol de son Roy, chargeant sur le
cheual du Roy contraire, le blanc poussera le pion du fol de
la Dame vne case dessus le fol: si le noir pour ne perdre vne
piece prend le cheual de son fol , le blanc le prendra de son
fol chargeant sur le roc du Roy contraire : si le noir ioue le

pion du fol du Roy vne cafe deffus le fol, & gardant fon roc, le blanc iouera ledit fol à la 3. de la Dame contraire pour luy enferrer fes pieces, & ainfi fon ieu fera meilleur quoi qu'il aye moins d'vn pion.

Aduertiffement.

QVe fi au commencement quand le blanc a pouffé le pion du fol du Roy tant qu'il va: fi le noir au lieu de le prendre euft pris le cheual du Roy contraire du fol, le blanc le prenne du roc: fi le noir euft prins le pion du fol auec celui de fon Roy, le blanc pouffera le pion de fa Dame tãt qu'il va: fi le noir donne Efchec de la Dame à la quatriefme du roc contraire, le blanc fe couurira du pion du cheual: fi le noir le prend du pion de fon Roy, le blanc le prendra de fon roc: fi le noir ioue le cheual de fon Roy à la 3. de fon fol pour prendre le pion du Roy, le blanc iouera le cheual de fa Dame à la 3. de fon fol pour garder fon pion: fi le noir ioue le cheual du Roy à la quatriefme de fon roc deffus le roc contraire qui couure le Roy, le blanc prendra le pion du fol du Roy donnant Efchec, & fi le noir ne le prend, il aura perdu fon cheual, & s'ille prend, il perdra la Dame, parce que le blanc iouera le fol de fa Dame à la quatriefme du cheual du Roy contraire deffus la Dame, & fi le noir préd le roc auec fon cheual chargeant fur la Dame contraire, le bl. iouant la Dame à la 3. du fol de fon Roy donnant Efchec prendra la Dame: Que fi le noir ne prend le roc auec fon cheual, ains ioue le cheual à la quatriefme du fol du Roy contraire deffus la Dame, le blanc donnera Efchec de la Dame à la quatriefme de fon fol: fi le noir fe couure auec le pion de la Dame, le pouffant tant qu'il

E iiij

va defsus la Dame, le blanc le prendra du cheual de fa Dame:
& fi le noir prend auec fa Dame le pion du roc contraire, le
blanc prendra du fol le cheual, & ainfi aura bon ieu.

Aduertiffement.

SI le noir quand il a ioué le cheual du Roy à la 3. du fol
pour prendre le pion du Roy ou aller fur le roc, le blanc
iouant le fol de la Dame à la quatriefme du cheual du *Roy*
contraire defsus la Dame & le cheual: fi le noir ioue la Dame
à la quatriefme du roc de fon Roy pour la changer, le blanc
ne la changera, mais iouera fa Dame à la feconde du cheual
de fon Roy: fi le noir ioue le pion du roc defsus le fol, le blâc
iouera le fol de fon Roy à la feconde du Roy defsus la Dame:
fi le noir ioue la Dame à la 3. du cheual de fon Roy, le blanc
iouera le fol de fa Dame à la feconde de la Dame, defcouurât
le roc fur la Dame contraire: fi le noir ioue la Dame à la feco-
de du roc de fon Roy, le blanc iouera le pion du Roy defsus
le cheual du Roy contraire, & le noir ne le pourra changer
ou il aura perdu le ieu. Que fi le noir ne change fon cheual,
ains prenne de la Dame le pion du fol de la Dame, le bl. prédra le cheual du pion de fon Roy: fi le noir prend de fa Dame
le pion du cheual de la Dame contraire, le blanc prendra de
fon pion le pion du cheual contraire chargeant fur le roc: &
fi le noir ioue le roc à la cafe de fon cheual, le blanc donnera
Efchec de la Dame à la quatriefme de fon Roy, & le n. iouant
le Roy à la cafe de la Dame, le blanc luy dônera autre Efchec
de la Dame à la quatriefme du roc de fon Roy, & ainfi en
toutes façons aura bon ieu.

Autre maniere d'ordonner son ieu.
CHAP. XI.

LE blanc poussant le pion du Roy tant qu'il va: si le noir
ioue le mesme, le blanc iouera le fol du Roy à la quatriesme du fol de la Dame: si le noir faict le mesme, le blanc
iouera la Dame à la seconde de son Roy: si le noir ioue le cheual de sa Dame à la troisiesme de son fol, le blanc iouera le piõ
du fol de la Dame vne case: si le noir pousse le pion de sa Dame vne case, le blanc poussera le pion du fol du Roy tãt qu'il
va: si le noir le prend du pion de son Roy, le blanc iouera le
cheual de son Roy à la 3. du fol : si le noir pousse le pion du
cheual tant qu'il va gardãt son pion, le blãc poussera le pion
du roc de son Roy tãt qu'il va: si le noir pousse le piõ du cheual vne case plus auant dessus le cheual contraire, le bl. iouera
le cheual à la quatriesme du cheual du Roy contraire : si le N.
ioue le cheual de la Dame à la quatriesme de son Roy pour
garder le pion du fol du Roy, le blanc poussera le pion de la
Dame tant qu'il va dessus le fol & le cheual contraire: si le N.
prend de son cheual le fol du Roy contraire, le blanc le prẽdra de la Dame: si le noir pour n'estre mat ioue la dame à la
seconde de son Roy, le blanc le prendra le fol du Roy cõtraire auec le pion de sa dame : si le noir ioue le pion du roc de
son Roy dessus le cheual contraire, le blanc prendra du pion
de sa dame le pion de la dame contraire , & le noir le prenãt
du pion du fol de la dame, le blanc prendra le pion du fol du
Roy de sa dame auec Eschec, le noir la prenant auec sa dame
le blanc la prendra de son cheual, & le noir le prenant de son
Roy, le blanc prendra le pion du Roy contraire auec le fol

de fa Dame,& ainfi aura meilleur ieu.

Aduertiffement.

SI le noir au lieu de iouer le cheual de la Dame , comme nous auons dict, euft ioué le cheual du Roy à la 3. de fon roc pour garder le pion du fol, le blanc euft pouffé le pion de fa Dame tant qu'il va deffus le fol contraire : fi le noir retire le fol à la 3. du cheual de fa Dame, le blanc prendra le pion du Roy contraire du fol de fa Dame: fi le noir ioue la Dame à la feconde de fon Roy pour tafcher de gaigner le cheual du Roy contraire, le blanc iouera le roc de fon Roy à la cafe du fol, & ainfi fon ieu fera bon.

Autre maniere d'ordonner le ieu commenceant de mefmes.
CHAP. XII.

POufsant le blanc le pion du Roy tant qu'il va : fi le noir ioue le mefme, le blanc poufsera le pion du fol du Roy tant qu'il va: fi le noir le prend , le blanc iouera le cheual du Roy à la troifiefme du fol, fi le noir ioue le cheual du Roy à la 3. du fol, le blác iouera le pion du Roy vne cafe defsus le che-ual contraire: fi le noir ioue la dame à la feconde de fon roy, le blanc ioue la Dame à la feconde de fon roy: fi le noir ioue le cheual de fon roy à la quatriefme de fon roc, gardant fon pion, le blanc iouera le cheual de fa Dame à la troifiefme du fol: fi le noir poufse le pion du fol de fa Dame vne cafe pour empefcher que le cheual n'entre fur la Dame, le blanc iouera fon cheual à la quatriefme de fon roy , & ainfi encores qu'il aye vn pion moins, il ne laifsera d'auoir bon ieu.

Autre

Autre maniere d'ordonner son ieu, & iouant à passer bataille à l'vsage d'Italien. CHAP. XIII.

LE blanc poussant le pion du Roy tant qu'il va: si le noir ioue le mesme, le blanc poussera le pion du fol du Roy tant qu'il va: si le noir le prend du pion de son Roy, le blanc iouera le cheual de son Roy à la 3. du fol: si le noir ioue le cheual du Roy à la 3. de son fol, le blanc poussera le pion de son Roy vne case plus auant dessus le cheual: si le noir ioue ledit cheual à la quatriesme du roc de son Roy, le blanc iouant à passer bataille poussera le pion du cheual de son Roy tant qu'il va, & gaignera le cheual. Que si le noir ne ioue le cheual, comme dit est, ains ioue la Dame à la seconde de son Roy, le blanc iouera sa Dame à la seconde de son Roy pour la descouuerte: si le noir ioue le cheual de son Roy à la quatriesme de sa Dame, le blanc poussera le pion du fol de sa Dame tant qu'il va dessus le cheual: si le noir le ioue à la quatriesme du cheual de la Dame pour luy donner Eschec pour le roc, le blanc poussera le pion de sa Dame tant qu'il va pour deffendre auec sa Dame l'Eschec, & ouurir chemin au fol de la Dame dessus le pion du Roy contraire: si le noir pousse le pion du cheual du Roy tant qu'il va pour garder le pion du Roy: le blanc poussera le pion du roc de son Roy vne case: si le noir pousse le pion de sa Dame vne case qui semble vn bõ coup, le blanc ne le prendra, parce qu'il perdroit le roc de sa Dame, mais poussera le piõ du roc de sa Dame vne case dessus le cheual contraire: si le noir ioue le cheual à la 3. du fol de sa Dame, le blanc iouera le cheual de sa Dame à la 3. de son fol: si le noir pousse le pion du cheual du Roy vne case dessus

F

le cheual du Roy contraire, le blanc le prédra du pion de son roc: si le noir le prend du fol de sa Dame, le blanc iouera la Dame à la quatriesme de son Roy : si le noir prend le cheual auec le fol, le blanc le prendra auec le pion du cheual: si le N. prend le pion du Roy auec celuy de sa Dame, le blanc iouera le cheual de sa Dame à la quatriesme de la Dame contraire dessus la Dame: si le noir ioue la Dame à sa 3. qui semble vn bon coup, le blanc prendra le pion qui est à la quatriesme du Roy noir du pion de sa Dame: si le noir le prend du cheual, & non de la Dame pour ne perdre le roc, le blanc gaignera par force le ieu, ou prenant le pion du roy auec le fol de sa Dame ou poussant le pion du fol de sa Dame dessus la Dame contraire. Que si le noir lors qu'il a pris le cheual auec le fol de sa Dame il eust poussé le pion du fol de son Roy tant qu'il va sur la Dame, iouant à passer bataille, le blanc prendra auec sa Dame le pion qui est en la quatriesme du fol du Roy: si le N. prend le cheual auec le fol de sa Dame, le blanc le prend du pion de son cheual: si le noir prend le pion du Roy auec celui de sa Dame, le blanc prendra de sa Dame le pion du fol du Roy: si le noir de son pion prend le pion de la Dame, & donnant Eschec à la descouuerte, le blanc se couurira du cheual à la quatriesme de son roy, & ainsi, ores que le noir aye vn pió dauantage, le blanc a meilleur ieu.

Autre maniere d'ordonner son ieu.
CHAPITRE XIIII.

L E blanc poussant le pion du roy tant qu'il va: si le N. ioue le mesme, le blác poussera le pion du fol du roy tát qu'il va: si le noir le prend, le blanc iouera le cheual de son Roy à la

3. de ſon fol: ſi le noir ioue le meſme, le blanc pouſſera le pion
de ſon Roy vne caſe deſſus le cheual: ſi le noir ioue le cheual
à la quatrieſme de ſon roc, ne iouant pas à paſſer bataille, le
blanc pouſſera le pion de ſa Dame tant qu'il va: ſi le N. ioue
le pion du cheual de ſon Roy tant qu'il va pour garder ſon
pion, le blanc iouera le cheual de ſon Roy à la ſeconde de la
Dame, la deſcouurant ſur le cheual contraire : ſi le noir ioue
le cheual à la ſeconde de luy meſme, le blanc iouera le cheual
du Roy à la quatrieſme de ſon Roy: ſi le noir ioue le fol de
ſon Roy à la ſecõde du Roy pour deffendre l'Eſchec du cheual, le blanc pouſſera le pion du roc de ſon Roy tant qu'il va
pour rompre le ieu: ſi le noir ioue le cheual de ſon Roy à la 3.
du Roy, le blanc pouſſera le pion de ſa Dame vne caſe deſſus
le cheual: ſi le noir ioue le cheual à la quatrieſme du fol de ſa
Dame, le blanc iouera le cheual de ſa Dame à la 3. de ſon fol,
& ainſi aura bon ieu.

Aduertiſſement.

QVe ſi le blanc ne ioue le cheual, comme nous auons
dict, mais qu'il prenne le cheual contraire auec le ſien
ayant ioué le dit cheual à la quatrieſme de ſon Roy: & ſi le n.
le prend du fol, le blanc iouera la Dame à la quatrieſme du
roc contraire deſſus le pion du cheual: ſi le noir ioue le fol du
Roy à la quatrieſme de la Dame cõtraire qui eſt vn bõ coup,
le blanc prendra du pion de ſon roc le pion du cheual: ſi le n.
prend le pion du Roy auec ſon fol, le blanc pouſera le pion
de ſon roc vne caſe deſcouurant ſa Dame deſſus le fol : ſi le
noir ioue la Dame à la ſeconde de ſon Roy, le blanc prendra
le pion du fol du Roy contraire auec ſon pion, donnant Eſ-

chec, & le noir changeant son Roy à la case de son fol, le bl.
iouera le fol de son Roy à la seconde du mesme Roy pour
empescher l'Eschec à la descouuerte, & de s'embarracer la case pour y loger le roc , & assaillir le contraire qui n'a pas si
bon ieu.

Autre maniere d'ordonner son ieu.
CHAP. XV.

LE blanc poussant le pion du Roy tant qu'il va: si le noir
ioue le mesme, le blanc poussera le pion du fol du Roy
tant qu'il va: si le noir le prend , le blanc iouera le cheual du
Roy à la 3. du fol: si le noir ioue le cheual du Roy à la seconde
de son mesme Roy, le blanc poussera le pion de sa Dame tant
qu'il va: si le noir ioue le cheual du Roy à la 3. du mesme cheual gardant son pion, le blanc iouera le fol du Roy à la 4. du
fol de sa Dame: si le noir ioue le pion de sa Dame vne case, le
blanc iouera le roc de son Roy à la case de son fol : si le noir
ioue le fol de sa Dame à la quatriesme du cheual du Roy côtraire dessus le cheual, le blanc poussera le pion du fol de sa
Dame vne case: si le noir ioue le cheual de son Roy à la 4. du
roc du Roy contraire, dessus le cheual, pour desordonner le
ieu de son ennemy, le blanc sautera de son Roy à la seconde
du fol de sa Dame: si le noir prend auec son cheual le pion du
cheual du Roy, le blanc iouera le roc à la case de son cheual
dessus le cheual, & le fol contraire : si le noir pour ne perdre
vne piece ioue le fol à la troisiesme du roc contraire, gardant
son cheual, le blanc iouera la Dame à la seconde de son Roy
dessus le cheual: si le noir donne Eschec du cheual à la troisiesme du Roy contraire, le blanc le prendra auec le fol de sa

Dame: Que s'il ne donne Efchec, ains ioue le cheual à la quatriefme du roc contraire, le blanc iouera fon cheual à la quatriefme du cheual contraire deffus le fol, & le pion du fol du
Roy, & par ainfi aura bon ieu: mais fi le noir au lieu de venir
auec le fol de fa Dame à la 3. du roc contraire il euft pris dudit fol le cheual contraire, le blanc le prendra auec la Dame:
fi le noir ioue fon cheual à la quatriefme du roc contraire, le
blanc prendra auec fa Dame le pion du Roy contraire qui eft
en la quatriefme du fol de fon Roy, chargeant deffus le pion
du fol du Roy: fi le noir pour le garder ioue la Dame à la feconde de fon Roy, le blanc iouera le roc de fon Roy à la cafe
du fol, & ainfi gaignera par force le pion : que fi le noir ioue
le cheual à fa 3. deffus la Dame , le blanc prendra le pion du
fol, ains fon fol donnant Efchec , & le noir changeant fon
Roy à la cafe de la Dame , le blanc iouera fa Dame à la quatriefme du fol du Roy contraire: fi le noir ioue le cheual de la
Dame à la feconde de la Dame, le blanc iouera le fol de fa Dame à la quatriefme du cheual du Roy contraire : fi le noir
ioue le cheual de fa Dame à la 3. du fol de fon Roy , le blanc
poufera le pion de fon Roy vne cafe deffus le cheual : fi le
noir prend le fol du Roy contraire auec fa Dame , le blanc
prendra le cheual de la Dame auec le pion du Roy , & ainfi
aura bon ieu : Que fi le noir ne prend le fol auec fa Dame,
mais le pion du Roy contraire auec le pion de fa Dame , le
blanc le prendra auec le pion de fa Dame chargeant deffus le
mefme cheual: fi le noir le prend de la Dame, le blanc prédra
du fol de fon Roy le cheual du Roy contraire, ainfi par force
gaignera le ieu , parce que fi le noir luy donne Efchec de la
Dame à la feconde du Roy contraire, le blanc fe couurira a-
uec le cheual de fa Dame à la feconde de la Dame, & fi le noir

prend le fol auec le pion du roc, le blanc prendra l'autre cheual auec le fol de fa Dame, donnant Efchec, & ainfi gaignera:
Que fi le noir eut prins le pion auec le cheual de fon Roy au
lieu de le prendre de laDame, le blanc donnera Efchec du roc
à la cafe de la Dame, & le noir ne fe peut couurir qu'auec le
cheual de fon Roy à la feconde de fa Dame, le blanc iouera le
fol de fon Roy à la 3. du Roy contraire deffus le cheual, & ainfi aura perdu.

Autre maniere d'ordonner fon ieu.
CHAPITRE. XVI.

LE blanc pouffant le pion du Roy tant qu'il va : fi le noir
ioue le mefme, le blanc pouffera le pion du fol du Roy
tant qu'il va: fi le noir le prend, le blanc ioue le fol de fon Roy
à la quatriefme du fol de fa Dame: fi le noir ioue le cheual du
Roy à la 3. de fon fol, le blanc iouera la Dame à la feconde de
fon Roy : fi le noir ioue le fol de fon Roy à la quatriefme du
fol de la Dame, le blanc pouffera le pion du fol de fa Dame v-
ne cafe: fi le noir pouffe le pion du cheual du Roy tant qu'il
va, le blanc pouffera le pion de fa Dame tant qu'il va deffus le
fol contraire: fi le noir le retire à la 3. du cheual de fa Dame, le
blanc pouffera le pion du roc de fon Roy tant qu'il va, & ró-
pra les deffeins & le ieu de fon ennemy. Que fi le noir deuãt
que pouffer le piõ de fon cheual, il euft pris le cheual du Roy
contraire de fon fol, le blanc le prendra de fon roc, fi cepend-
ant le noir ioue le pion de fon cheual pour garder l'autre, le
blanc pouffera le pion de fonRoy vne cafe plus auant deffus
le cheual: fi le noir retourne fon cheual à fa cafe, le blãc pouffera le pion de fa Dame tant qu'il va: fi le noir ioue fa Dame à

la seconde de son Roy, le blanc iouera le pion du cheual de
son Roy vne case: si le N. le prend auec le sien, le blanc le prédra du roc chargeant sur le pion du cheual: si le noir le garde
poussant le pion de son roc vne case, le blanc iouera sa Dame
à la quatriesme du roc contraire, & si le noir ioue le cheual
de son Roy à la 3. de son fol dessus la Dame contraire, parce-
que le blanc ne le peut prendre pour la descouuerte du Roy,
le blanc pourra prendre le pion du fol du Roy auec sa Dame
donnant Eschec, & le noir le prenant de sa Dame, le blanc la
prendra du fol de son Roy donnant autre Eschec, & le noir
prenant de son Roy, le blanc iouera son roc à la 3. du fol de
son Roy couurât le cheual, & ainsi gaignera vn pion, ie trouue qu'il seroit meilleur de ne iouer la Dame à la quatriesme
du roc, mais pousser le pion du roc du Roy tant qu'il va, & si
le noir ne le prend pour ne donner entree au roc contraire à
la seconde de son cheual, mais ioue le pion du fol de son Roy
vne case, le blanc donnera Eschec de la Dame à la quatriesme
du roc contraire, & changeant le noir son Roy à la case de la
Dame qui est ce qu'il peut de mieux iouer, le blanc suiuant
son ieu gaignera vn cheual auec son fol, & le noir le prenant
auec son roc, le blanc prendra de sa Dame le pion du roc : si
le noir ioue le pion de sa Dame vne case, le blanc prendra de
sa Dame le pion du fol: si le noir prend la Dame contraire de
la sienne, le blanc prendra auec le pion du Roy: si le noir dô-
ne Eschec de son roc à la case de son Roy, le blanc changera
son Roy à la seconde de son fol: si le noir prend de son pion
le pion du roc contraire, le blanc iouera le roc à la seconde
du cheual du Roy contraire: si le noir ioue le fol de sa Dame
à la 3. de son Roy, le blanc iouera le fol de sa Dame à la quatriesme du cheual du Roy contraire: si le noir ioue le roc de

ſon Roy à la caſe du fol du Roy, le blanc ioue le cheual de la
Dame à la ſeconde de la Dame: ſi le noir ioue le cheual de ſa
Dame à la ſeconde de la Dame, le blanc iouera le roc de la
Dame à la caſe de ſon Roy deſſus le fol contraire : ſi le noir
pour noſtre mat ioue le fol à la ſeconde du fol de ſon Roy, le
blanc ioue le roc de la Dame à la ſeconde du Roy contraire,
& ainſi aura perdu le ieu par force.

Autre maniere d'ordonner ſon ieu.

Chap. XVII.

LE blanc pouſſant le pion de ſon Roy tant qu'il va : ſi le
noir ioue le meſme, le blanc pouſſera le piõ de ſon Roy
tant qu'il va: ſi le noir ne le prend point, mais ioue le cheual
de ſon Roy à la 3. du fol pour prendre le pion du Roy contraire, le blanc pourra prendre le pion du Roy de celui de ſon
fol, & ſi le noir prend de ſon cheual le pion du Roy, le blanc
iouera le cheual de ſa Dame à la 3. de ſon fol, & taſchera ainſi
de bien ordonner ſon ieu: ſi le noir prend le pion du fol de
celuy de ſon Roy, le blanc pouſſera le pion de ſa Dame tant
qu'il va : ſi le noir ioue le fol de ſon Roy à la quatrieſme du
cheual de la Dame contraire deſſus le cheual, le blanc iouera
le fol de ſon Roy à la 3. de ſa Dame, gardant le pion du Roy:
ſi le noir ioue ſa Dame à la ſeconde de ſon Roy pour le prendre, le blanc le gardera en iouant ſa Dame à la ſeconde du
Roy: ſi le noir ioue le cheual de ſa Dame à la 3. de ſon fol deſſus le pion de la Dame, le blanc le gardera iouant le cheual de
ſon roy à la 3. de ſon fol: ſi le noir pouſſe le pion du cheual de
ſon roy tant qu'il peut aller, le blanc pouſſera le pion de ſa
Dame vne caſe deſſus le cheual de la Dame contraire : ſi le
noir

noir iouë ſon cheual à la quatrieſme de ſon Roy, le blanc prendra le pion du cheual auec le cheual de ſon Roy: ſi le noir préd
du cheual de ſon Roy le pion de la Dame contraire, le blanc
le prendra auec le pion de ſon Roy: ſi le noir prend de ſa Dame
le cheual du Roy contraire: le blanc pouſſera le pion du cheual
de ſon Roy vne caſe: ſi le noir iouë ſó Roy à la caſe de ſa Dame
le blanc prendra le pion du Roy du fol de ſa Dame: ſi le noir
prend du cheual le fol du Roy contraire, en donnant Eſchec,
le blanc le prendra de la Dame: ſi le noir donne Eſchec du roc
de ſon Roy, le iouant à la caſe du Roy, le blanc iouera le Roy à
la ſeconde de ſa Dame, ſi le noir iouë ſa Dame à la 3 du cheual
de ſon Roy pour la changer, le blanc iouera le roc de la Dame
à la caſe de ſon Roy: ſi le noir prend la Dame auec la ſienne, le
blanc la prendra du Roy: ſi le noir pouſſe le pion de ſa Dame
vne caſe, le blanc prendra le roc auec le ſien donnant Eſchec,
& le noir le prenant de ſon Roy, le blác dóra Eſchec de l'autre
roc à la caſe de ſon Roy: ſi le noir iouë le Roy à la 2. de ſa Dame,
le bl. iouera ſon fol à la 4. du cheual du Roy cótraire & aura bon
ieu.   *Aduertiſſement.*

MAis le mieux que puiſſe auoir le noir apres auoir chan-
gé ſa Dame, c'eſt de iouer le fol de ſon Roy à la ſeconde
du Roy, afin que le fol contraire ne puiſſe venir à la 4. du
cheual du Roy noir, qui eſt le coup qui le peut plus offenſer, ſi
le blanc iouë le roc de ſa Dame à la 3. de ſon Roy pour doubler
les rocs, le n. y pourra remedier que ſi le bl. prend le fol auec
ſon roc le n. le prendra auec ſon roc, ſi le bl. couure ſon roc
iouant le fol à la 4. du cheual du Roy contraire, le n. iouera ſó
Roy à ſa propre caſe, qui eſt ce qui ſe peut de mieux iouer.

Autre maniere d'ordonner ſon ieu.
CHAP. XVIII.

G

LE blanc pouſſant le pion du Roy tant quil va, ſi le n. ioue le meſme, le blanc pouſſera le pion du fol du Roy tant qu'il va: ſi le n. ioue le cheual du Roy à la 3. de ſon fol, le blanc iouera le cheual de la Dame à la 3. de ſon fol: ſi le noir prend le pion du fol de celuy de ſon Roy, le blanc pouſſera le pion de ſa Dame tant quil va: ſi le noir ioue le fol de ſon Roy à la 4. du cheual de la Dame deſſus le cheual contraire, le blanc iouera le fol de ſon Roy à la 3. de ſa Dame, gardant le pion de ſon Roy: ſi le noir ioue la dame à la 2. de ſon Roy, le blanc iouera la ſienne à la 2. de ſon Roy: ſi le noir ioue le cheual de ſa Dame à la 3. du fol deſſus le pion de la Dame contraire, le bl. iouera le pion du Roy vne caſe deſſus le cheual du Roy contraire: ſi le noir prend le pion de la Dame auec le cheual de ſa Dame & chargeât deſſus la Dame, le blanc prendra du pion de ſon Roy le cheual du Roy contraire, ſi le noir prend la Dame de ſon cheual, le blanc prendra la Dame de ſon pion, ſi le noir prend le cheual de la Dame auec le ſien, le blanc pouſſera le pion du roc de ſa Dame vne caſe deſſus le fol contraire, ſi le noir le retire à la 4. de ſon roc, le bl. iouera le fol de ſa Dame à la 2. d'elle meſme, & ainſi aura gaigne vne piece, que ſi le noir ne prend le pion de la Dame auec ſon cheual, mais ioue le cheual de ſon Roy à la 4. de la Dame deſſus le cheual de la Dame contraire, le blanc iouera le fol de la Dame à la 2. de ſa Dame: ſi le noir prend le pion de la Dame auec le cheual de ſa Dame, le blanc prendra le cheual du Roy contraire auec ſon cheual chargeât deſſus la Dame: ſi le noir donne Eſchec de la Dame à la 4. du roc contraire, le blanc ſe coûurira du pion de ſon Roy, ſi le n. le prend de ſon pion, le blanc iouera la Dame à la 2. du cheual du Roy: ſi le noir prend le pion du roc donnant Eſchec à la decouuerte, le blanc iouera le Roy à la caſe de ſon fol: ſi le n.

prend le fol du fien, le bl. prendra le pion auec fon roc, chargeant fur la Dame contraire, & le noir fuyant auec fa Dame, le
bl. prendra le fol de la Dame, & ainfi gaignera vne piece. Que
fi le n. au lieu de prendre le fol prend le cheual auec fon pion,
le faifant Dame & dónát Efchec, le blanc le prédra de la Dame *Le pion*
& fon roc demeurera, defcouuert deffus la Dame contraire, & *fe faifant*
les ainfi le noir courra fortune de perdre.　　　　　　　　　 *Dame*
　　　　　　　　　　　　　　　　　　　　　　　　　　　　 donne
　　　　　　　　　　　　　　　　　　　　　　　　　　　　 Efchec.

Autre maniere d'ordonner fon ieu.
CHAP. XIX.

POuffant le pion du bl. tant quil va, fi le n. ioue le mefme,
le blanc pouffera le pion du fol du Roy tant quil va, fi le n.
pouffe le pion de la Dame vne cafe, le blanc iouera le fol du
Roy à la quatriefme du fol de la Dame: fi le noir prend du pió
de fon Roy le pion du fol du Roy, le blanc pouffera le pion de
la Dame tant qu'il va: fi le noir donne Efchec de la Dame à la
quatriefme du roc contraire, le blanc iouera le Roy à la cafe de
fon fol: fi le noir ioue le fol de la Dame à la quatriefme du cheual du Roy contraire deffus la Dame, le blanc iouera le cheual
du Roy à 3. de fon fol, couurát fa Dame, & chargeant deffus
la Dame contraire : fi le noir prend ledit cheual auec fon fol,
le blanc le prendra de la Dame: fi le noir ioue le pion du cheual
du Roy tant qu'il va pour garder fon pion, le blanc iouera la
Dame à la 3. de fon cheual pour prendre ou le pion du cheual
de la Dame contraire, ou le pion du fol du Roy : fi le noir ioue
fon Roy fautant à la cafe du fol de fa Dame, le blanc prendra
le pion du fol du Roy auec le fol de fon Roy : fi le noir ioue le
cheual de fon Roy à la 3. de fon fol, le blanc iouera le cheual de
fa Dame à la feconde de la Dame pour garder le pion du Roy,

　　　　　　　　　　　　　　　　　　　　　　　　　　G ij

& pour le mettre à la 3. du fol de son Roy deſſus la Dame contraire, & ſi le noir pouſſe le pion du cheual de ſon Roy vne caſe plus auant, afin que le cheual contraire ne vienne à la 3. du
fol, comme nous auons dict, le Roy pouſſera le pion de ſon
Roy vne caſe deſſus le cheual du Roy contraire : ſi le noir le
prend du pion de ſa Dame, le blanc le prendra du pion de la
ſienne : ſi le noir ioue le fol de ſon Roy à la quatrieſme du fol
de ſa Dame, le blanc pourra donner Eſchec du fol de ſon Roy
à la troiſieſme du Roy contraire : ſi le noir ſe couure du cheual de ſa Dame à la ſeconde de la Dame, le blanc le prendra de
ſon fol en donnant Eſchec, & ſi le noir le prend de ſon Roy, le
blanc luy donneroit Eſchec de ſa Dame à la quatrieſme du
cheual de la Dame contraire, & gaignera le fol du Roy, &
ainſi ſera bien ioué d'auoir donné Eſchec du fol, ores que le
noir l'euſt prins du cheual de ſon Roy, parce que le blanc iouât
le cheual de ſa Dame à la quatrieſme de ſon Roy deſſus le fol
contraire & pour ſe deffendre du mat, & donner paſſage au
fol de la Dame: toutesfois l'on peut mieux iouer, ſçauoir que
le blanc au lieu de donner Eſchec de ſon fol, comme il eſt dict,
ioue ſon Roy à la ſeconde du meſme Roy pour fuir le mat, &
ſi le noir donne Eſchec de ſa Dame à la ſeconde du fol du Roy
contraire, le blanc mettra ſon Roy à la caſe de la Dame: ſi le N.
prend de ſa Dame le pion du cheual du Roy, chargeant deſſus
le roc, le blanc iouera le roc à la caſe de ſon fol : ſi le noir ioue
le cheual de ſon Roy à la quatrieſme du Roy ſur le cheual contraire, il ſemblera vn bon coup, & s'il ne l'eſt pas, parce que le
blanc donneroit Eſchec du fol du Roy à la troiſieſme du Roy
contraire, & ſi le noir iouoit ſon Roy à la caſe de ſa Dame, le
blanc luy donneroit autre Eſchec de la Dame à la quatrieſme

de la Dame contraire, & ainſi gaigneroit vne piece, & ſi le
noir ne changeoit ſon Roy, ains ſe couurit du cheual de ſa
Dame à la ſeconde de la Dame qui eſt le meilleur, le blanc
ne iouera ſa Dame à la quatrieſme de la Dame contraire, parce
qu'encor qu'il ſemble que ce ſoit vn bon coup, il ne l'eſt pas,
parce que le noir donneroit Eſchec du cheual du Roy à la ſeconde du fol du Roy contraire, & luy feroit mauuais parti.
Mais le meilleur que peut iouer le blanc eſt prendre le cheual
de la Dame auec le fol donnant autre Eſchec : & ſi le noir le
prend de ſon Roy, le blanc gaignera vne piece luy donnât Eſchec de la Dame à la quatrieſme de la Dame contraire, & ainſi, quoy que ioue le noir, ſon ieu ne ſera pas
bon.

Que ſi au lieu que le noir a ioué le cheual de ſon Roy à la
quatrieſme du Roy côtraire côme il eſt dict, il euſt ioué le roc
de ſon Roy à la caſe de ſa Dame qu'il ſembloit eſtre meilleur,
& toutesfois non eſt, parce que le blanc donneroit Eſchec du
fol de ſon Roy à la troiſieſme du Roy, & ſi le noir ſe couure
du cheual de la Dame, il perdra le cheual du Roy, & s'il ſe couure du cheual du Roy, le blanc iouera le fol de ſon Roy à la
quatrieſme de la Dame contraire deſſus la Dame, laquelle il
gaignera ou le mattera: & ſi le noir couure l'Eſchec du fol auec
le roc de ſon Roy à la ſeconde de ſa Dame, le blanc le prendra
donnant Eſchec: & ſi le noir le prend du cheual de ſon Roy,
le blanc luy donnera Eſchec de ſa Dame à la caſe du cheual du
Roy, & le noir ſe couurant de ſon cheual qui eſt le meilleur, le
blanc prendra de ſon roc le pion du fol du Roy contraire, & ainſi aura bon ieu. Que ſi le noir ne ioue ny le
cheual ny le roc, comme nous auons dict : mais

G iij

ioue le fol du Roy à la 3. du Roy côtraire pour prendre le cheual, & puis le roc auec fa Dame, le blanc prendra le cheual du
Roy auec le pion de fon Roy : fi le noir prend le cheual auec
fon fol, le blanc donnera Efchec auec le fol de fon Roy à la 3.
du Roy contraire: fi le noir fe couure du cheual de fa Dame à
la feconde de la Dame, le blanc iouera fa Dame à fa 3. pour garder fon roc, & chargeant deffus le cheual contraire qui eft couuert du fol, & ainfi pourfuiura fon ieu.

Autre maniere d'ordonner fon ieu.
CHAP. XX.

POuffant le pion du Roy tant quil va: fi le n. ioue le mefme,
le blanc pouffera le pion du fol du Roy tant quil va, fi le n.
le prend, le blanc iouera le fol du Roy à la 4. du fol de fa Dame:
fi le noir donne Efchec de la Dame à la 4. du roc contraire, le
blanc changera fon Roy à la cafe de fon fol: fi le noir pouffe le
pion de fa Dame vne cafe, le blanc ioue. le cheu. de fon Roy à
la 3. du fol deffus la Dame: fi le noir ioue la Dame à la 4. du
cheual du Roy contraire, le blanc iouera le Roy à la 2. de fon
fol, fi le n. ioue le cheual de fon Roy à la 3. du fol deffus le pió
du Roy, le blanc iouera le roc à la cafe de fon Roy gardant le
pion, ainfi pourfuiuant auec iugement aura bon ieu.

Autre maniere d'ordonner fon ieu.
CHAP. XXI.

LE blanc pouffant le pion de fon Roy tant quil va, fi le n.
ioue le mefme, le blanc pouffera le pion du fol du Roy
tant quil va: fi noir le prend, le blanc iouera le fol du Roy à la

4. du fol de fa Dame, fi le noir donne Efchec de la Dame à la 4. du roc contraire, le blanc chágera fon Roy à la cafe de fon fol, fi le noir ioue le fol du Roy à la 4. du fol de la Dame, le bl. pouffera le pion de la Dame tant qu'il va deffus le fol: fi le noir le retire à la 3. du cheual de fa Dame, le blanc iouera le cheual de fon Roy à la 3. de fon fol deffus la Dame contraire: fi le noir la ioue à la quatriefme du cheual du Roy contraire, le bl. prendra le pion du fol du Roy contraire donnant Efchec, & fi le n. le prend de fon Roy, le blanc donnera Efchec de fon cheual à la quatriefme du Roy contraire pour gaigner la Dame: Que fi le noir ne ioue fa Dame à la quatriefme du cheual, mais la ioue à la 3. du fol de fon Roy, le blanc pouffera le pion du Roy vne cafe deffus la Dame, fi le noir la ioue à la 3. de fon fol deffus le fol du Roy contraire, le bl. iouera fa Dame à la feconde de fon Roy, gardant fon fol, & ainfi regaignera fon pion & aura bon ieu: Que fi le noir ne ioue fa Dame à la 3. de fon fol, ains la ioue à la quatriefme du fol de fon Roy gardant fon pion, le bl. iouera le fol de fon Roy à la 3. de fa Dame deffus la Dame contraire: fi le noir defire de garder toufiours fon pion, iouant fa Dame à la 4. du cheual du Roy côtraire, le blanc pouffera le pion du roc de fon Roy vne cafe deffus la Dame: fi le noir la ioue à la 3. dudit cheual, le blanc iouera le cheual de fa Dame à la 3. de fon fol, ainfi gaignera la Dame & le ieu.

Autre maniere d'ordonner fon ieu.
CHAP. XXII.

LE blanc pouffant le pion du Roy tant qu'il va, fi le noir ioue le mefme, le bl. pouffera le pion du fol du Roy tant qu'il va, fi le noir le prend, le blanc iouera le fol du Roy à la 4.

du fol de la Dame : si le noir donne Eschec de la Dame à la 4. du
roc, le blanc chágera le Roy à la case de son fol, si le noir pousse
le pion du cheual de son Roy tant qu'il va, le blanc iouera le
cheual de son Roy à la 3. de son fol dessus la Dame : si le noir
ioue la Dame à la 4. du roc de son Roy, le blanc poussera le pió
de sa Dame tant qu'il va : si le noir ioue le cheual de son Roy,
à la 3. de son fol, le blanc iouera la Dame à la 2. de son Roy : si
le noir ioue le cheual de sa Dame à la 3. de só fol, le blác poussera le pion de son Roy vne case dessus le cheual du Roy contraire : si le noir le ioue à la 4. du cheual du Roy, contraire, le
blanc iouera le cheual de la Dame à la 3. de son fol : si le noir
ioue le fol du Roy à la 2. du mesme Roy, le blanc iouera le cheual de la Dame à la 4. de la Dame contraire, si le noir ioue le fol
du Roy à la case de la Dame pour deffendre l'Eschec, le blanc
poussera le pion du roc de son Roy vne case dessus le cheual, si
le noir ioue le cheual de la Dame à la 4. de son roc pour prédre
le fol du Roy contraire, le blanc iouera le Roy à la case de son
cheual : si le noir ioue le cheual de son Roy pour ne le perdre à
la 3. du Roy contraire, le blanc aura bon ieu & recouurira le
pion qu'il auoit perdu.

Autre maniere d'ordonner son ieu.
CHAP. XXIII.

LE blanc poussant le pion du Roy tant qu'il va : si le noir
ioue le mesme, le blanc poussera le pion du fol du Roy tát
qu'il va, si le noir le prend, le blanc iouera le fol du Roy à la 4.
du fol de la Dame : si le noir donne Eschec de la Dame à la 4.
du roc, le blanc iouera son Roy à la case du fol : si le noir ioue
le cheual de son Roy à la 3. du fol, le blanc iouera le cheual de
son

ſon Roy à la 3. de ſon fol deſſus la Dame : ſi le noir ioue la Dame
à la 4. du roc de ſon Roy, le blanc iouera la Dame à la 2. de ſon
Roy : ſi le noir pouſſe le pion du cheual tant qu'il va, le blanc
iouant le cheual de ſon Roy à la 4. du Roy contraire, le noir
prendra la Dame, & le blanc prenant du Roy, le noir pouſſera
le pion de ſa Dame vne caſe deſſus le cheual : & ſi le blanc prend
le pion du fol du Roy auec le cheual, le noir pouſſera le meſme
pion de la Dame vne autre caſe deſſus le fol contraire, & gaignera vne piece, parce que ſi le blanc prend le roc du cheual,
le noir prendra le fol du pion, & le cheual demeure perdu ſans
remede : mais il ne faut pas que le blanc ioue le cheual à la 4. du
Roy contraire, ains qu'il pouſſe le pió de ſa Dame tant qu'il va :
ſi le noir ioue le pion de ſa Dame vne caſe, le blanc pouſſera le
pion du Roy vne caſe plus auant deſſus le cheual du Roy, ſi le
noir le prend du pió de ſa Dame, le blanc le prédra de ſa Dame
donnant Eſchec, & puis gaignera le pion du cheual du Roy ou
du fol de la Dame ainſi qu'il iugera eſtre bon.

Autre maniere d'ordonner le ieu pour le noir.
CHAP. XXIIII.

POuſſant le blanc, le pion du Roy tant qu'il va, le noir iouera le meſme : ſi le blanc pouſſe le pion du fol du Roy tant
qu'il va, le noir iouera le fol du Roy à la 4. du fol de la Dame,
parce que le blanc n'oſera prendre le pion du Roy, le noir luy
donrroit Eſchec de la Dame, & apres mat : le blác donc iouera
le cheual de ſon Roy à la 3 du fol, & le noir pouſſera le pion de
ſa Dame vne caſe, & ſi le blanc prend le pion du Roy auec celuy
du fol, le blanc le prendra auec celuy de ſa Dame, ſi le blanc le
prend de ſon cheual, le noir donrra Eſchec de la Dame à la 4.

H

du roc,&si le blanc se couure du pion du cheual pour esuiter le mat,le noir prendra le pion du Roy auec saDame donnant Eschec:si le blanc se couure de la Dame,le noir prendra le roc du Roy:si le blanc donne Eschec à la descouuerte,iouant son cheual à la 3.du cheual du Roy côtraire, le noir se couurira du cheual de son Roy:si le blãc prend le roc de son cheual,le N.ioue-ra le fol de sa Dame à la 3.du roc côtraire , & chãgera la Dame & le fol,& puis sautera de son Roy à la case de son cheual, & gaignera vne piece. *Aduertissement.*

QVe si au commencement le blanc ne prend le pion du Roy pour ne perdre le ieu,mais qu'il ioue le fol du Roy à la 4.du fol de la Dame,le noir iouera sa Dame à la seconde du Roy gardant son pion:si le blanc ioue le cheual de son Roy à la 4.du cheual du Roy contraire dessus le pion du fol,le N.ioue-ra le cheual de son Roy à la 3.de son roc le gardant : si le blanc ioue la Dame à la quatriesme du roc contraire,le n.iouera le fol de sa Dame dessus la Dame:si le blanc prend le pion du fol du Roy de son fol donnant Eschec , le noir prendra ce fol de la Dame,& gaignera vne piece , parce que si le blanc prend la Dame du cheual, le noir prendra la Dame côtraire de son fol, & si le blanc prend le roc de son cheual, le cheual est perdu,& le noir aura gaigné le cheual & le fol pour le roc, que si le blãc ne voulant perdre sa piece ioue la Dame à la quatre du roc de son Roy, le noir prendra le pion du fol du Roy auec celuy du Roy, & puis poussera le piõ du fol de son Roy vne case dessus le cheual,& poursuiura son ieu qui est fort bon.

Autre maniere d'ordonner son ieu pour le noir contre la deffense du pion du fol du Roy. CHAP. XXV.

LE blãc poussant le pion du Roy tãt qu'il va,si le noir ioue le mesme, le blãc poussera le pion du fol du Roy tãt qu'il va,le noir le prendra,fi le blanc ioue le fol du Roy à la quatriefme du fol de fa Dame,le noir iouera le pion du fol de fa Dame vne cafe,fi le blanc ioue le cheual de fon Roy à la troifiefme du fol,ou le pion de fa Dame tant qu'il va,le noir pouffera le pion de fa Dame tant qu'il va deffus le fol blanc : fi le blanc le prend du pion du Roy le noir le prendra du pion du fol de fa Dame: fi le blanc donne efchec du fol,le noir couurira du cheual de la Dame à la troifiefme de fon fol,& ainfi pourfuiura fon ieu.

Autre maniere d'ordonner le ieu pour le noir. CHAP. XXVI.

LE blanc pouffant le pion du Roy tât qu'il va,le noir ioue-ra le mefme:fi le blanc pouffe le pion du fol de fon Roy tant qu'il va,le noir le prendra: fi le blâc ioue le fol de fon Roy à la quatriefme du fol de fa Dame , le noir pouffera le pion du fol de fon Roy tant qu'il va:fi le blanc le prend de celuy de fon Roy, le noir donra Efchec de fa Dame à la quatriefme du roc côtraire:fi le blâc ioue fon Roy à la cafe de fon fol,le noir pouffera le pion de fon Roy vne cafe , defcouurant la Dame deffus le fol du Roy contraire:fi le blanc garde fon fol, ou qu'il prenne le cheual du Roy noir,le noir prendra le pion du cheual du Roy donnant Efchec, & le blanc le prenât de fon Roy , le noir prêdra le fol bl. de fon roc, & ainfi aura meilleur ieu que le blâc.

Autre maniere d'ordonner fon ieu , commençant par le pion du Roy, & l'autre par le pion de la Dame. CHAP. XXVII.

LE blanc pouffant le pion du Roy tât qu'il va, fi le n. pouf-fe le pion de la Dame tât qu'il va, le bl. pourra auâcer vne cafe fon pion,mais il vaut mieux qu'il prêne de fon pion le piô de la Dame:fi le n.le prêd de la Dame, le bl.iouera le cheual de fa Dame à la 3. du fol deffus la Dame côtraire:fi le n.tourne fa Dame à fa place,le bl.pouffera le pion de la Dame tant qu'il va, & ainfi finemêt fortira toutes fes pieces, & ordônera bien fon ieu.

LIVRE TROISIESME

Autre maniere toute differente d'ordonner son ieu,
commençant par le pion du Roy.

CHAP. I.

LE blanc poussant le pion du Roy tant qu'il va : si le noir
ioue mesme, le blâc iouera le cheual du Roy à la 3. de son
fol : si le noir ioue le cheual du Roy à la 3. du fol, le blanc prendra le pion du Roy de son cheual : si le noir faict le mesme, le
blanc iouera la Dame à la 2. de son Roy : si le noir retire le
cheual pour ne le perdre, le bl. donrra Eschec à la descouuerte
iouant le cheual à la 3. du fol de la Dame dessus la Dame. Que
si le noir n'oste point son cheual, mais qu'il ioue sa Dame à la
2. du Roy dessus le cheual côtraire, le blanc prendra le cheual
de sa Dame : si le noir ioue le pion de sa Dame vne case dessus
le cheual, le blanc ne l'ostera point, mais poussera le pion de sa
Dame tant qu'il va : si le noir pousse le pion du fol de son Roy
vne case, le blanc poussera le pion du fol de son Roy tant qu'il
va : si le noir prend le cheual du pion de sa Dame, le blanc prédra le pion du pion de sa Dame : si le noir ioue le cheual de la
Dame à la 2. de la Dame, le blanc iouera le cheual de sa Dame à
la 3. de son fol, & la Dame sera gardee : si le noir prend le piô
du sien, le blanc iouera le cheual de sa Dame à la 4. de la Dame
contraire dessus la Dame : si le noir ioue sa Dame à la 3. d'elle
mesme, le blanc prédra de son pion le pion du noir, chargeant
sur la Dame : si le noir le prend du cheual, le blanc iouera le fol
de sa Dame à la 4. du fol de son Roy dessus le cheual qu'il gai-

gnera par force. Que si le noir ne prend pas le pion du cheual
il aura perdu vn pion, & s'il le prend de la Dame, le blanc le
changera & luy donnera Eschec du cheual , pour auoir le roc,
prenant le pion du fol de la Dame . Que si le noir ne prend le
pion ainsi ioue la Dame à la 3. de son fol , le blanc iouera le fol
du Roy à la 4. du cheual de la Dame contraire dessus la Dame:
si le noir le prend de sa Dame, le blanc prendra du cheual le
pion du fol de la Dame, & dónera Eschec pour la Dame. Que
si le noir ne préd pas le fol comme a esté dict , mais ioue sa Dame à la 4. de son fol, le blanc iouera le fol de la Dame à la 3. de
só Roy dessus la Dame, & ainsi gaignera la Dame sás la pouuoir
garantir . Que si le noir au lieu de iouer la Dame à la 3. il la
ioue à la 4. de son fol, le blanc iouera le fol de la Dame à la 3.
de son Roy dessus la Dame : si le noir donne Eschec de sa Dame à la 4. de son roc, le blanc se couurira du fol de sa Dame : si
le noir retire sa Dame à la 4. de son fol, le blanc poussera le pió
du cheual de la Dame tant qu'il va dessus la Dame : si le noir la
retire à la 3. de son fol, le blanc iouera le fol du Roy à la 4. du
cheual de la Dame contraire dessus la Dame : si le noir la prend
il perdra la Dame, le blanc luy dónant Eschec du cheual cóme
a esté dict. Que si le noir ne prend pas le fol, mais qu'il ioue sa
Dame à la 3. du cheual de son Roy, le blanc la changera, & puis
donnera Eschec du cheual pour auoir le roc.

Autre maniere d'ordonner son ieu , commençant par le
pion du Roy. CHAP. II.

LE blanc poussant le pion du Roy tant qu'il va : si le noir
ioue le mesme, le blanc iouera le cheual de son Roy à la
3. de son fol : si le noir ioue le mesme , le blanc prendra le

pion du Roy cõtraire du cheual: fi le noir fait le mefme, le blãc
iouera la Dame à la feconde de fon Roy deffus le cheual : fi le
noir ioue la fienne de mefme, le blanc prendra le cheual de fa
Dame: fi le noir pouffe le pion de fa Dame vne cafe deffus le
cheual, le blanc pouffera le pion de fa Dame tant qu'il va : fi le
noir ioue le pion du fol du Roy vne cafe fur le cheual, le blanc
pouffera le pion du fol du Roy tant qu'il va : fi le noir prend le
cheual du pion de fa Dame, le blanc prẽdra du pion de fa Dame: fi le noir ioue le cheual de fa Dame à la feconde de la Dame
le blanc iouera le cheual de fa Dame à la troifiefme de fon fol:
fi le noir prend le pion de la Dame du pion de fon fol, le blanc
iouera le cheual à la quatriefme de la Dame contraire deffus la
Dame : fi le noir ioue fon cheual à la troifiefme du fol de fon
Roy deffus la Dame contraire & deffus le cheual, le blanc donra Efchec de la Dame, & encor qu'il femble que ce foit vn bon
coup, il ne l'eft pas, parce que le noir fe couurira du fol de fa
Dame chargeant deffus la Dame. Mais fi le blanc prẽd le pion
du fol de la Dame donnant Efchec, le noir changera fon Roy
à la cafe de fa Dame deffus le cheual, & ainfi quoy que ioue le
blanc, le noir aura meilleur ieu, ayant defordonné le ieu blanc.

Autre maniere d'ordonner fon ieu, commençant par le mefme pion du Roy. CHAP. III.

LE blãc pouffant le pion du Roy tãt qu'il va, le noir de mefme, le blanc iouera le cheual de fon Roy à la troifiefme du
fol: fi le noir ioue le mefme, le blanc prendra le pion du Roy de
fon cheual, fi le noir en fait de mefmes, le blanc iouera fa Dame à la feconde du Roy, fi le noir ioue la fienne à la feconde de
fon Roy, le blanc prendra auec fa Dame le cheual contraire : fi
le noir ioue le pion de fa Dame vne cafe deffus le cheual con-

traire, le blanc pouſſera le pion de ſa Dame tãt qu'il va: ſi le noir
ioue le piõ du fol du Roy vne caſe deſſus le cheual, le blãc iouera le pion du fol de ſon Roy tant qu'il va: ſi le noir prẽd le cheual du pion de ſa Dame, le blanc le prendra du pion de la ſiẽne:
ſi le noir prend du pion de ſon fol, le blanc le prendra du pion
de ſon fol: le noir iouãt le cheual de la Dame à la 2. de la Dame,
pour prendre le pion, ſi le blanc ioue le fol de ſa Dame pour le
garder à la quatrieſme du fol du Roy, le noir pouſſera le pion
du cheual du Roy tant qu'il va deſſus le fol: ſi le blanc le retire à
la troiſieſme du cheual de ſon Roy, le noir iouera le fol de ſon
Roy à la ſeconde du cheual, & ainſi gaignera par force le pion
& pourſuiura ſon ieu.

Autre maniere d'ordonner ſon ieu, commençant de meſme façon.
CHAP. IIII.

LE blanc pouſſant le pion de ſon Roy tant qu'il va, le noir
iouera le meſme: ſi le blãc ioue le cheual du Roy à la 3. de
ſon fol, le noir iouera là meſme: ſi le blanc prend de ſon cheual
le piõ du Roy cõtraire, le noir iouera la Dame à la 2. de ſon Roy:
ſi le blanc pouſſe le pion de ſa Dame tant qu'il va pour garder
ſon cheual, le noir pouſſera le pion de ſa Dame deſſus ledit cheual: ſi le blanc le retire à la trois du fol de ſon Roy, le noir prendra de ſa Dame le pion du Roy contraire donnant Eſchec: ſi le
blanc ſe couure du fol du Roy à la 2. du Roy, le noir iouera le
fol de ſa Dame à la 4. du fol de ſon Roy deſſus le pion du fol de
la Dame: ſi le blanc le pouſſe vne caſe, le noir iouera le cheual
de la Dame à la 2. de la Dame: ſi le blãc ioue le cheual de ſa Dame à la 2. de la Dame deſſus la Dame contraire, le noir iouera
la Dame à la 2. du fol, de la Dame contraire, & ainſi changera la
Dame par force, & pourſuiura ſon ieu.

Autre maniere d'ordonner son ieu.
CHAP. V.

LE blanc pouſſant le pion du Roy tant qu'il va : ſi le noir ioue le meſme, le blanc iouera le cheual du Roy à la 3. de ſon fol pour prendre le pion du Roy s'il n'eſt gardé, il y a cinq moyens de le garder, ſçauoir ou iouant le cheual de la Dame à la troiſieſme de ſon fol, ou la Dame à la ſeconde du Roy, ou le fol du Roy à la 3. de la Dame, ou le garder du pion de la Dame, ou auec le pion du fol du Roy, mais le gardant en la derniere maniere n'eſt pas bon, parce que le blanc prendra le pion de ſon cheual, & ſi le noir le prend du pion de ſon fol, le blanc dōnera Eſchec de la Dame à la quatrieſme du roc contraire, le noir ſe pourra couurir du pion du cheual de ſon Roy, ou charger ſon Roy à ſa ſeconde, s'il ſe couure du pion, le blanc prendra de ſa Dame le pion qui eſt à la quatrieſme du Roy donnāt Eſchec: ſi le noir ſe couure de la Dame, le blanc prendra le roc du Roy auec ſa Dame: ſi le noir prend le pion du Roy contraire auec la Dame donnant Eſchec, le blanc changera ſon Roy à la caſe de ſa Dame, & ainſi le noir ne peut plus faire de mat: mais il luy eſt neceſſaire de garder le cheual du Roy, ou le pion du roc: ſi le noir ioue le cheual à la ſeconde de ſon Roy, le blāc luy prendra le pion du roc, & fera en ſorte de chāger la Dame, par ce que par ce moyen il gaignera le ieu.

Aduertiſſement.

QVe ſi lors que le blanc a prins le roc auec ſa Dame, le noir n'euſt pris auec ſa Dame le pion du Roy blanc donnant Eſchec

Efchec, comme nous auons dit, ains euft ioué le cheual de fon
Roy à la troifiefme du fol, pour enferrer la Dame blanche, le
blanc pouffera le pion de fa Dame tant qu'il va pour ouurir
chemin au fol de fa Dame , prenant garde de ne le pouffer
pas vne cafe, de peur de tenir enferré le fol du Roy , d'autant
qu'il eft befoin que pour le fecours de la Dame les fols foient
prompts, & ne fe faut pas foucier pour le prefent de garder vn
pion, parce que la Dame eftant libre, fon ieu eft meilleur que
celuy du noir. Voyez le chapitre xx. où vous verrez le moyen
de reparer ce ieu.

Autre maniere d'ordonner fon ieu.
CHAP. VI.

LE blanc pouffant le pion du Roy tant qu'il va : fi le noir
ioue le mefme, le blanc iouera le cheual du Roy à la 3. du
fol deffus le pion du Roy contraire : fi le noir le garde pouffant
le pion du fol du Roy vne cafe, le blanc prendra de fon cheual
le pion du Roy : fi le noir prend le cheual du pion de fon fol, le
blanc donnera Efchec de la Dame à la quatriefme du roc contraire : fi le noir ioue le Roy à la feconde du mefme Roy, le blác
prendra de fa Dame le pion du fol qui eft à la quatriefme du
Roy donnant autre Efchec : fi le noir change fon Roy à la feconde de fon fol, le blanc luy donnera Efchec du fol du Roy
à la quatriefme du fol de la Dame, le noir le mieux qu'il peut
iouer c'eft couurir du pion de la Dame le pouffant tant qu'il
va, le blác prendra le pion de la Dame auec le fol dónant autre
Efchec, le noir changera fon Roy à la troifiefme de fon cheual
& le blanc pouffant le pion du roc du Roy tant qu'il va : fi le n.
ioue le pion du roc de fon Roy vne cafe, le blanc prendra le

I

pion du cheual de la Dame auec son fol, & si le noir le prend
de son fol , le blanc luy donnera mat auec sa Dame à la quatriesme du fol du Roy contraire , & si le noir ne le prend pas
du fol de sa Dame, ains ioue le fol de son Roy à la troisiesme de
sa Dame dessus la Dame contraire, le blanc iouera sa Dame à la
quatriesme du roc de la Dame contraire, & apres prendra ou
le roc ou le cheual de la Dame: si le noir le veut iouer à la troisiesme de son fol dessus la Dame blanche, & puis iouant le roc
à la case de son cheual , & ainsi le blanc aura quatre pions dauantage, & son ieu bien lié & ordonné , & quoy que le noir
puisse iouer, ou qu'il ioue le cheual de son Roy il sera mat.

Autre maniere d'ordonner son ieu.
CHAP. VII.

LE blanc poussant le pion du Roy tant qu'il va : si le noir
ioue le mesme, le blanc iouera le cheual de son Roy à la 3.
de son fol dessus le pion du Roy contraire : si le noir ne le garde point ce qu'il pourroit en vne des cinq manieres , les trois
auec des pieces, & les deux auec des pions, Nous ordonnerôs
pour chacune des manieres des ieux, & en chacun l'on verra ai-
sément le profit ou le dômage qui en peut suiure, & quelle est
la plus seure maniere de garder ledit pion.

Ie dis donc qu'il se garde en cinq manieres, la premiere, auec
le cheual de la Dame à la troisiesme du fol, la seconde auec le
pion de la Dame poussé vne case seulement, la troisiesme auec
le pion du fol du Roy , la 4. auec la Dame à la seconde de son
Roy, la 5. auec le fol du Roy à la 3. de la Dame.

Pour venir donc à la premiere, le noir iouera le cheual de sa
Dame à la 3. du fol pour garder le pion du Roy, si le blanc ioue

le fol du Roy à la quatriesme du fol de la Dame, le noir iouera
le semblable : si le blanc pousse le pion du fol de sa Dame vne
case, le noir ne iouera le cheual de son Roy à la troisiesme du
fol, mais iouera la Dame à la seconde de son Roy pour garder
toutes ses gens: si le blanc ioue le pion de sa Dame tant qu'il va
le noir le prendra du pion de son Roy: & si le blanc le prend du
pion du fol de la Dame chargeant dessus le fol du Roy contraire, le noir prendra de sa Dame le pion du Roy donnant Eschec, & si le blanc change son Roy à la seconde de sa Dame, le
noir luy donnera Eschec auec le fol à la quatriesme du cheual
de la Dame contraire: Que si le blanc ne veut pas changer son
Roy & qu'il se couure à l'Eschec de la Dame auec le fol de sa
Dame à la 3. de son Roy, le noir donnera du fol de son Roy Eschec pour sauuer son fol, & puis preuoira que le blanc ne luy
prenne le pion du fol du Roy, ou auec son fol donnât Eschec,
parce que si le noir le prend de son Roy, le blanc donnera Eschec de son cheual à la quatriesme du cheual du Roy contraire pour auoir la Dame. Que si le blanc ne pousse pas le pion
de la Dame tant qu'il va pour ne perdre le pion du Roy, ains
les pousse vne case seulement, le noir iouera le pion de sa Dame vne case, pour faire passage au fol de sa Dame : si le blanc
ioue le cheual du Roy à la quatriesme du cheual du Roy contraire dessus le pion du fol du Roy, le noir le gardera iouant le
cheual de la Dame à la case de la Dame, & ainsi pourra aisé-
ment poursuiure auec aduantage son ieu.

Autre maniere d'ordonner son ieu, deffendant le pion
du Roy auec le cheual de la Dame.
CHAP. VIII.

Le blác pouffant le pion du Roy tát qu'il va, le noir iouera
le mefme: fi le blanc ioue le cheual du Roy à la troifiefme
du fol deffus le pion du Roy, le noir le gardera auec le cheual
de fa Dame le iouant en la troifiefme du fol: fi le blanc ioue le
fol de fon Roy à la quatriefme du cheual de la Dame contraire deffus le cheual, le noir pouffera le pion de fa Dame vne cafe: fi le blanc prend le cheual de fon fol, le noir doublera vn
pion, le blanc pouffera le pion de fa Dame tant qu'il va, & ainfi en ce ieu le fol du Roy noir feroit enferré, doubleroit vn piõ
qui eft aduantage pour le contraire.

Autre maniere d'ordonner fon ieu de mefme façon.
CHAP. IX.

Le blanc pouffant le pion du Roy tant qu'il va, fi le noir
ioue le mefme, le blanc iouera le cheual du Roy à la troifiefme du fol deffus le pion : fi le noir le garde du cheual de fa
Dame à la troifiefme du fol, le blanc iouera le fol de fon Roy à
la quatriefme du cheual de la Dame contraire deffus ledit cheual, le noir iouëra le fol de fon Roy à la quatriefme du fol de fa
Dame, afin qu'il ne demeure enferré : fi le blanc prend le cheual de la Dame auec le fol de fon Roy, le noir prendra du pion
de fa Dame qui eft le meilleur : fi le blanc prend du cheual de
fon Roy le pion du Roy contraire, le noir prendra du fol de
fon Roy le pion du fol du Roy donnant Efchec, & fi le blanc
prend de fon Roy, le noir donrra Efchec de fa Dame à la quatriefme de la Dame contraire, & apres prendra le cheual du
Roy auec fa Dame, & aura meilleur ieu, ayant la main dauantage, & que le Roy ne peut plus fauter pour auoir remué. Que
fi le noir ne veut perdre le fol de fon Roy, quand le blanc a pris

le pion du Roy auec son cheual, le noir iouëra la Dame à la quatriesme de la Dame contraire dessus le cheual & pion du Roy:
si le blanc ioue le cheual à la quatriesme de luy mesme, le noir
ne le prédra pas du fol de la Dame, encor qu'il semble que soit
vn bon coup, il vaut mieux prédre le pió du Roy auec la Dame
donnant Eschec, & si le blanc change son Roy ou se couure a-
uec la Dame, il aura perdu le cheual, & s'il se couure du cheual
à la troisiesme de son Roy, le noir le prédra du fol de son Roy,
& si le blanc prend le fol du pion de sa Dame, le noir prendra
de sa Dame le pion du cheual, chargeant sur le roc: & si le blanc
ioue le roc à la case du fol, le noir iouera le fol de sa Dame à la
troisiesme du roc contraire, & ainsi gaignera le ieu. Et si le blác
au lieu de prendre du pion de sa Dame le fol du Roy contraire,
il le prend du pion du fol du Roy, le noir prendra tousiours le
pion du cheual, chargeant sur le roc: & iouant le blanc son roc
à la case de son fol, le noir iouera le fol de sa Dame à la quatriesme du cheual du Roy contraire dessus la Dame, & gaignera par force. Que si pour empescher tout ce ieu, le blanc ne
ioue pas son cheual à sa quatriesme case, ains le ioue à la 3. de sa
Dame chargeant dessus le fol du Roy, le noir prendra de sa
Dame le pion du Roy donnant Eschec, & le blanc se couurât
de sa Dame qui est ce qu'il peut de mieux iouer, le noir la prédra, & le blanc la prenant de son Roy, le noir retirera son fol à
la troisiesme du cheual de sa Dame: si le blanc pousse le pion
du fol de sa Dame tant qu'il va pour gaigner le fol, ou l'enferrer, le noir iouera le fol de sa Dame dessus le cheual du Roy cótraire pour le prendre, & depuis auec son autre fol prendre le
pion du fol du Roy contraire: si le blanc pour remedier à tout
cecy ioue le cheual à la case de son Roy pour faire chemin au
fol de sa Dame, le noir iouera le cheual de son Roy à la troisies

I iij

me du fol: si le blanc pousse le pion de sa Dame vne case, le N.
fera sauter son Roy à la troisiesme de son cheual : si le blanc
ioue le fol de sa Dame à la troisiesme de son Roy pour changer les fols , & ioindre ses pions , le noir iouera le roc de son
Roy à la case de son Roy, afin que le blanc ne puisse les couurir : si le blanc pour se garantir de la descouuerte ioue son
Roy à la seconde de sa Dame, le noir prendra le fol auec le sien,
& le blanc le prenant auec le pion du fol du Roy, le noir iouera le roc de la Dame à la case de la mesme Dame pour gaigner
le ieu : si le blanc ioue le cheual de la Dame à la troisiesme du
fol, le noir iouera le cheual de son Roy à la quatriesme du cheual du Roy contraire: si le blanc ioue le cheual de sa Dame à la
case de la Dame pour garder le pion qui est à la troisiesme de
son Roy , le noir iouera le cheual de son Roy à la quatriesme
de son Roy mesme dessus le pion de la Dame, & ainsi gaignera
le ieu.

Autre maniere d'ordonner commençant
de mesme façon.
CHAP. X.

L E blanc poussant le pion du Roy tant qu'il va: si le noir
ioue le mesme, le blanc iouera le cheual du Roy à la 3. du
fol dessus le pion contraire: si le noir ioue le cheual de la
Dame à la 3. du fol pour le garder, le blanc iouera le fol de son
Roy à la quatriesme du cheual de la Dame contraire dessus ledit cheual : si le noir ioue le fol de son Roy à la quatriesme du
fol de sa Dame, le blanc ne prendra pas le cheual auec son fol,
comme il a fait au precedent ieu, mais iouera le pion du fol de

fa Dame vne cafe , afin que fi le blanc prend le cheual de fon
fol, & puis le pion du ROY auec fon cheual , le noir ne puiffe
entrer auec fa Dame à la quatriefme de la Dame contraire, ou
pour plus aifément rompre les deffeins de l'ennemy, pouffant
le pion de la Dame tant qu'il va : fi le noir pouffe le pion de fa
Dame vne cafe, le blanc pouffera le pion de fa Dame tant qu'il
va deffus le fol contraire : fi le noir retire fon fol à la troifiefme
du cheual de fa Dame, il aura perdu le cheual, le blanc pouffant
le pion de fa Dame vne cafe deffus le cheual qui eft à la couuerte de l'Efchec du fol. Que fi le noir ne retire fon fol , ains
prend le pion de la Dame auec celuy de fon Roy , le blanc le
prendra du pion du fol de la Dame : fi le noir donne Efchec
du fol à la quatriefme du cheual de la Dame contraire, le blanc
fe couurira du cheual de fa DAME à la troifiefme du fol : fi le
noir ioue le fol de faDame à la feconde d'elle mefme, pour empefcher la defcouuerte , le blanc iouera le fol de fa DAME à la
quatriefme du cheual du Roy contraire deffus la DAME pour
defordonner fon ieu , parce que fi le noir ioue le pion du
fol de fon Roy vne cafe deffus le fol , fes pions ne fe pourront
pas bien arrenger, & s'il ioue le cheual du Roy à la troifiefme
de fon fol, le blanc iouera la DAME à fa troifiefme , & fi le noir
ioue la DAME à la feconde de fon Roy, le blanc iouera le cheual
de fon Roy à la feconde de fa DAME pour garder le pion de
fon Roy , & afin que le cheual de la DAME foit libre pour le
iouer quand il en fera de befoin , & fi le noir le prend auec le
fol de fon ROY , le blanc le prendra auec le pion du cheual de fa DAME , de là l'on voit qu'il n'eft pas tant
bon de garder le pion du ROY auec le cheual de la
DAME.

I iiij

Autre maniere d'ordonner le ieu pour la deffence du noir. CHAP. XI.

SI le blanc pousse le pion du Roy tant qu'il va, le noir iouera le mesme: si le blanc ioue le cheual de son Roy à la troisiesme de son fol dessus le pion, le noir le gardera auec le cheual de sa Dame à la troisiesme du fol, comme nous auons dict: si le blanc ioue le fol de son Roy à la quatriesme du cheual de la Dame contraire dessus le cheual, le noir iouera le fol de son Roy à la quatriesme du fol de sa Dame: si le blanc ioue le pion du fol de sa Dame vne case, le noir iouera le cheual de son Roy à la seconde du mesme Roy : si le blanc pousse le pion de sa Dame tant qu'il va dessus le fol contraire, le noir le prendra du pion de son Roy: si le blanc le prend auec le pion du fol de sa Dame, le noir donnera Eschec auec son fol à la quatriesme du cheual de la Dame contraire : si le blanc se couure auec le cheual de sa Dame à la troisiesme du fol, le noir iouera le pion de sa Dame tant qu'il va pour rompre le dessein : si le blanc le prend auec le pion de son Roy, le noir le prendra de la Dame, & ainsi poursuiura son ieu: Que si le blanc ne prend pas le pió de la Dame auec celuy de son Roy: mais le pousse vne case plus auant, le noir iouera le fol de sa Dame à la quatriesme du cheual du Roy contraire dessus le cheual, & mettra son Roy en lieu de seureté, & aura fort bon ieu.

Autre maniere d'ordonner le ieu du noir. CHAP. XII.

LE blanc poussant le pion du Roy tant qu'il va, le noir iouera le mesme: si le blanc ioue le cheual de son Roy à la 3. de
son

ſon fol deſſus le pion, le noir le gardera auec le cheual de la Dame à la troiſieſme de ſon fol: ſi le blanc ioue le fol de ſon Roy à
la quatrieſme du cheual de la Dame deſſus le cheual, le noir
iouera le fol de ſon Roy à la quatrieſme du fol de ſa Dame : ſi
le blanc ioue le pion du fol de la Dame vne caſe, le noir iouera
le cheual de ſon Roy à la ſeconde du meſme Roy, parce que ſi
le blanc prend le cheual de ſon fol, le noir le prendra du cheual de ſon Roy, & gardera le pion du Roy. Que ſi le blanc ne
prend pas mais pouſſe le pion de ſa Dame tant qu'il va, deſſus
le fol, le noir le prendra du pion du Roy : ſi le blanc prend
auec le pion du fol de la Dame, le noir retirera, ſon fol à la troiſieſme du cheual de ſa Dame : ſi le blanc pouſſe le pion de ſa
Dame vne caſe plus auant deſſus le cheual, le noir le tournera à
ſa propre caſe : ſi le blanc ioue le cheual de ſa Dame à la troiſieſme de ſon fol, le noir iouera le roc du Roy à la caſe de ſon
fol pour faire le ſault: ſi le blanc ioue le cheual du Roy à la quatrieſme du cheual du Roy pour prendre le pion du roc, le noir
pouſſera le pion du roc vne caſe deſſus le cheual, & le
blanc retournant ſon cheual à la troiſieſme du fol, le noir
iouera le pion du fol de la Dame vne caſe deſſus le fol contraire, & ſi le blanc le retire à la quatrieſme de ſon roc, le noir iouera le pion de la Dame vne caſe, & ainſi ordonnera bien ſon
ieu.

Aduertiſſement.

SI lors que le blanc à ioué le cheual de ſa Dame à la troiſieſme du fol, il euſt ioué le pion de ſa Dame vne caſe deſſus
le cheual du Roy contraire, le noir le prendra auec le pion du
fol de la Dame : & ſi le blanc prend de ſa Dame, le noir iouera
la Dame à la deuxieſme de ſon fol, pour changer la Dame, & ſi

K

le blanc ne veut pas changer, il faut qu'il garde le fol de ſa Dame la iouant à la ſeconde d'elle meſme, que s'il la iouoit à la caſe de la Dame il perdroit le ieu , parce que le noir ioueroit ſa
Dame à la quatrieſme de ſon fol deſſus le fol du Roy blanc, &
le pion du meſme fol pour donner mat ou prendre le fol.

Autre maniere d'ordonner ſon ieu pour le noir.
CHAP. XIII.

LE blanc pouſſant le pion du Roy tant qu'il va, le noir iouera le meſme : ſi le blanc ioue le cheual de ſon Roy à la 3.
du fol pour prendre le pion, le noir le gardera iouant le cheual de ſa Dame à la troiſieſme du fol: ſi le blanc ioue le fol de
ſon Roy à la quatrieſme du cheual de la Dame deſſus le cheual, le noir iouera le fol de ſon Roy à la quatrieſme du fol de la
Dame: ſi le blanc pouſſe le pion du fol de ſa Dame vne caſe, le
noir iouera ſa Dame à la ſeconde du Roy: ſi le blanc prend le
cheual de la Dame auec le fol, le noir le prendra du pion de ſa
Dame pour ouurir chemin au fol de la Dame : ſi le blanc ne
prend pas le cheual comme a eſté dict pour ne cháger pas ſon
fol, mais ioue le roc de ſon Roy à la caſe du fol pour ſe cháger,
le noir iouera le cheual du Roy à la troiſieſme de ſon fol , retirera premierement le fol du Roy à la troiſieſme du cheual de
ſa Dame, & ſi le noir change ſon Roy, le noir iouera le pion de
ſa Dame vne caſe, ſi le blanc pouſſe le pion de ſa Dame vne caſe, ou tant qu'il va, le noir iouera le fol de la Dame à la ſeconde
de la Dame, & ainſi pourſuiura ſon ieu.

Autre maniere d'ordonner ſon ieu, gardant le pion du Roy auec le
pion de la Dame. CHAP. XIIII.

SI le blanc pousse le pion du Roy tant qu'il va, le noir ioueraле mesme: si le blanc ioue le cheual du Roy à la troisiesme du fol pour prendre le pion, le noir le gardera poussant le pion de sa Dame vne case, & ainsi est le meilleur des cinq manieres de garder le pion: si le blanc ioue le fol de son Roy à la 4. du fol de la Dame, le noir iouera le pion du fol de la Dame vne case: si le blanc ioue le pion du fol de sa Dame vne case, le noir poussera le pion de sa Dame vne case dessus le fol: si le blanc le préd auec le pion de son Roy, le noir le prendra du pion de son fol, si le blanc donne Eschec du fol à la quatriesme du cheual de la Dame contraire, le noir se couurira auec le fol de sa Dame : si le blanc le prend auec son fol, le noir le prendra auec le cheual gardant le pion du Roy: si le blanc ioue sa Dame à la troisiesme de son cheual dessus le pion de la Dame & dessus le pion du cheual de la Dame, le noir iouera le pion du Roy vne case plus auant sur le cheual du Roy contraire: si le blanc ioue ledit cheual à la quatriesme de sa Dame, le noir iouera le cheual de sa Dame à la quatriesme du fol de la Dame dessus la Dame contraire: si le blanc donne Eschec de sa Dame à la quatriesme du cheual de la Dame contraire, le noir se couurira auec sa Dame, & le blanc changeant, le noir prendra de son Roy pour pouuoir mettre le cheual de sa Dame à la troisiesme de la Dame contraire pour tenir les pieces du blanc enferrees, & ainsi aura meilleur ieu.

Autre maniere d'ordonner son ieu, gardant le pion du Roy auec le pion de la Dame. CHAP. XV.

LE blác poussát le pió du Roy tát qu'il va, le N. iouera lemesme: si le blác ioue le cheual de son Roy à la 3. de só fol dessus

A ij

le pion, le noir iouera le pion de fa Dame vne cafe pour garder le pion du Roy: fi le blanc ioue le fol de fon Roy à la quatriefme du fol de fa Dame, le noir pouffera le pion du fol de fa
Dame vne cafe : fi le blanc pouffe le pion du fol de fa Dame
vne cafe, le noir pouffera le pion de fa Dame vne cafe en a-
uant deffus le fol contraire: fi le blanc le prend du pion de fon
Roy, le noir le prendra du pion du fol de la Dame : fi le blanc
donne Efchec du fol à la quatriefme du cheual de la Dame cōtraire, le noir fe couurira auec le fol de fa Dame: fi le blanc ioue
fa Dame à la troifiefme de fon cheual, le noir prendra auec le
fol de fa Dame, le fol du Roy contraire : fi le blanc le prend de
fa Dame donnant Efchec, le noir fe couurira de fa Dame, le
blanc la prenant, le noir prendra du cheual pour garder le piō
de fon Roy, & fi le blanc ne prend la Dame, ainfi ioue fa Dame
à la feconde de fon Roy deffus le pion du Roy, le noir pouffera
le piō du fol de fon Roy vne cafe, qui eft ce qu'il peut iouer de
mieux, par ce que f il ne iouoit ainfi pouffant le pion du Roy
vne cafe plus auant deffus le cheual, le blanc ioueroit le cheual
à la quatriefme du Roy contraire deffus la Dame, & le noir
iouant quoy qu'il voulut perdroit le ieu, le blanc gaignant le
pion de la Dame donnant Efchec de fa Dame à la quatriefme
du cheual contraire. Que fi le noir iouoit fa Dame à la 4. du
roc de la Dame contraire pour efuiter l'Efchec, le blāc pouffe-
roit le pion du fol de fa Dame vne cafe, pour embaraffer fon
ennemi, & le mieux que le noir puiffe iouer eft le fol de fon Roy
à la troifiefme de fa Dame deffus le cheual contraire, & le blanc
iouant le cheual de fa Dame à la troifiefme de fon fol deffus la
Dame: fi le noir retire la Dame à la troifiefme de fon roc, le
blanc pouffera le pion de fa Dame tant qu'il va, & ainfi fçachant bien iouer aura fon ieu mieux ordonné que fon aduer-

faire, & par ainſi a eſté dict qu'il ne pouſſeroit pas le pion de ſó
Roy vne caſe plus auant, mais ioue le pion du fol du Roy, afin
que le blanc ne peut gaigner ceſte caſe auec ſon cheual pour
aller ſur la Dame noire & ainſi qu'il pourſuiue le ieu.

Autre maniere d'ordonner le ieu gardant le pion du Roy auec le
pion de la Dame. CHAP. XVI.

LE blanc pouſſant le pion du Roy tant qu'il va, le noir iouera le meſme, ſi le blanc ioue le cheual de ſon Roy à la
troiſieſme de ſon fol deſſus le pion du Roy, le noir le gardera
du pion de ſa Dame: ſi le blanc ioue le fol de ſon Roy à la quatrieſme du fol de ſa Dame, le noir iouera le fol de ſa Dame à la
troiſieſme de ſon Roy pour changer les fols, & ſi le blanc le
prend, le noir le prendra du pion du fol du Roy: ſi le blác pouſſe le pion du fol de ſa Dame vne caſe, le noir iouera le cheual
de ſa Dame à la troiſieſme de ſon fol: ſi le blanc ioue la Dame
à la troiſieſme de ſon cheual, le noir iouera ſa Dame à la caſe
de ſon fol, gardant les pions : ſi le blanc ioue le cheual de ſon
Roy à la quatrieſme du cheual du Roy contraire deſſus le pion
du fol, le noir iouera le cheual de ſa Dame à la caſe de ſa meſme
Dame, gardant les deux piós, & ainſi pour redonner chemin à
ſes deux fols, & deſdoubler ſon pió. De ces ieux l'on voit que
ceſte maniere de garder le pion du Roy eſt plus ſeure, & auec
laquelle l'on peut plus aiſément aſſaillir.

Autre maniere d'ordonner ſon ieu gardant le pion
du Roy auec le pion du fol du Roy.
CHAP. XVII.

LE blanc pouffant le pion du Roy tant qu'il va, fi le noir ioue le mefme, le blanc iouera le cheual de fon Roy à la 3. de fon fol, pour prendre le pion contraire, le noir le gardera iouant le pion du Roy vne cafe, nous auons veu que cefte maniere de garder le pion n'eft pas bonne fi du pion du fol l'on prend le cheual: mais iouons autrement & nous verrons qu'elle ne fera pas auffi fi mauuaife: fi le blanc prend le pion du Roy du cheual, le noir ne prendra pas, mais iouera fa Dame à la feconde de fon Roy deffus le cheual: fi le blanc pouffe le pion de fa Dame tant qu'il va, gardant le cheual, le noir pouffera le pion de fa Dame vne cafe, ou prendra fans cela du pion du fol du Roy le cheual contraire, & gardera de fa Dame l'offéce de l'efchec, Que fi le blanc ne pouffe pas le pion de fa Dame pour ne perdre le cheual, mais donne Efchec de fa Dame à la 4. du roc côtraire, le noir fe couurira du pion du cheual du Roy: fi le blanc prend le pion auec fon cheual chargeant deffus la Dame & le roc, le noir prendra de fa Dame le pion du Roy contraire donnant Efchec: fi le blanc retire fon Roy, le noir prendra de fa Dame le cheual contraire, & ainfi gaignera vne piece. Que fi lors que le noir a ioué fa Dame à la fecôde de fon Roy, deffus le cheual, le blanc ne donne l'Efchec, ains retire le cheual à la troifiefme de fon fol, le noir prendra de fa Dame le pion du Roy côtraire: fi le blanc fe couure de fa Dame, le noir la prendra, & iouant le pion de fa Dame tant qu'il va, y procurera de mettre fes pieces en campagne, afin que fon Roy foit en bon lieu.

Et quand il eft dict que le blanc fe couure de fa Dame, f'il fe couure du fol du Roy à la feconde du Roy, le noir pouffera le pion de fa Dame tant qu'il va: fi le blanc ioue le cheual de fa Dame à la troifiefme de fon fol deffus la Dame contraire, le

noir iouera sa Dame à la troisiesme de son Roy, gardât le pion
de sa Dame: si le blâc ioue le roc de son Roy à la case de son fol,
pour changer son Roy, le noir poussera le pion du fol de sa Dame vne case, pour garder le pion de sa Dame, & diuertir vne case pour faire sauter son Roy s'il est en necessité : si le blanc ioue
le roc à la case de son Roy, le noir iouera le cheual de son Roy
à la seconde de son Roy, apres auoir tiré le fol du Roy à la troisiesme de sa Dame, & ainsi aura son ieu seur, & contre l'of-
fense de son ennemmy. Que si quand le noir a gardé le pion
de son Roy auec celuy du fol du Roy, le blanc ne prend pas le
pion du Roy auec le cheual, ainsi oue le fol du Roy à la quatriesme du fol de la Dame, le noir poussera le pion du fol de sa
Dame vne case: si le blanc prend le pion du Roy auec son cheual, le noir iouera sa Dame à la seconde de son Roy dessus le
cheual contraire: si le blanc ioue son cheual à la seconde du fol
du Roy pour prendre le roc à force, le noir prendra le pion du
Roy donnant Eschec, & le blanc se couurira pour ne perdre
pas son fol de la Dame, le noir la prendra, & le blanc la prenant
de son Roy, le noir poussera le pion de sa Dame tant qu'il va
dessus le fol: si le blanc prend le roc auec son cheual, le noir
prendra le fol de son pion, & ainsi gaignera vne piece, parce
que le cheual ne se peut sauuer, il faut noter que ceste troisiesme sorte de garder le pion du Roy n'est pas si asseurée que
la seconde.

*Autre maniere d'ordonner son ieu gardant le pion
du Roy auec la Dame, ioué à la
seconde du Roy.*

CHAPITRE XVIII.

LE blanc pouffant le pion du Roy tant qu'il va, le noir iouera le mefme : fi le blanc ioue le cheual du Roy à la troifiefme de fon fol, pour prédre le pion du Roy, le noir le pourra
garder iouant fa Dame à la feconde de fon Roy: cefte maniere
n'eft pas fi bonne que les autres, par ce qu'il occupe la fortie du
fol du Roy: fi le blanc ioue le fol de fon Roy à la quatriefme du
fol de fa Dame, le noir iouera le pion du fol de la Dame vne
cafe: fi le blanc ioue le roc à la cafe du fol & face fauter fon Roy,
le noir iouera le pion de fa Dame vne cafe: fi le blanc ioue fon
Roy à la cafe du roc, le noir iouera le fol de fa Dame à la quatriefme du cheual du Roy contraire deffus le cheual: fi le blanc
ioue le pion de la Dame vne cafe, le noir iouera fa Dame à la
troifiefme du fol de fon Roy pour mettre en defarroy fon ennemy: fi le blanc ioue le cheual de fa Dame à la feconde de la
Dame, afin de fecourir fon autre cheual, le noir iouera le fol
de fon Roy à la feconde du mefme Roy: fi le blanc ioue le piõ
du roc deffus le fol, le noir ne le retirera à la quatriefme de fon
roc, parce que le blanc pouffera le pion du cheual du Roy tant
qu'il va, deffus le fol: fi le noir le met à la troifiefme du cheual
de fon Roy, le blanc pouffera le pion du cheual vne cafe deffus la Dame, & fi le noir ioue la Dame à la quatriefme du fol du
Roy contraire, qui eft le feul lieu où il peut iouer, le blanc iouera le cheual de fa Dame en fa propre cafe, & aura gaigné la
Dame. C'eft pourquoy nous difons, fi le blanc pouffe le pion
de fon roc vne cafe deffus le fol, le noir le retirera à la troifiefme du fol de fon Roy pour le changer, & par ce cofté pourra
bien ordonner fon ieu.

Autre maniere d'ordonner fon ieu gardant le pion du Roy contre
l'affaut du cheual, auec le fol du Roy à la troifiefme
de la Dame. CHAP. XIX.

Le blanc.

LE blanc pouſſant le pion du Roy tant qu'il va : ſi le noir
iouë le meſme, le blanc iouëra le cheual du Roy à la troiſieſme du fol deſſus le pion du Roy contraire, le noir le pourra garderiouant le fol de ſon Roy à la troiſieſme de ſa Dame:
mais ce ieu n'eſt pas bon, parce qu'il enſerre ſes pieces & ſes
pions, & neantmoins pourſuiuant il pourra remedier:ſi le blãc
iouë le fol de ſon Roy à la quatrieſme du fol de ſa Dame, le N.
iouëra ſa Dame à la ſeconde de ſon Roy : ſi le blanc pouſſe le
pion de ſa Dame vne caſe, le noir iouëra le fol de ſon Roy à la
quatrieſme du fol de la Dame : ſi le blanc iouë le cheual de
ſon Roy à la quatrieſme du cheual du Roy contraire deſſus le
pion du fol du Roy, le noir iouëra le cheual de ſon Roy à la 3.
de ſon roc, gardant le pion : ſi le blanc iouë ſa Dame à la 4. du
roc contraire, le noir pouſſera le pion de ſa Dame vne caſe : ſi
le blanc iouë le pion du fol de ſon Roy tant qu'il va, le noir
iouëra le fol de ſa Dame à la 4. du cheual du Roy cõtraire deſſus la Dame, le blanc la iouant à la 4. de ſon roc n'ayant autre
lieu, le noir iouëra le pion du fol du Roy vne caſe, deſſus le
cheual : ſi le blanc iouë le pion du roc vne caſe deſſus le fol, le
noir prendra le cheual de ſon pion chargeant ſur la Dame,
que ſi le blanc prend du pion de ſon fol, le noir retirera ſon fol
à la ſeconde de ſa Dame & le blanc ne pourra prendre le che-
ual:mais donnera Eſchec de la Dame, le noir ſe couurira de ſõ
cheual, le mieux que puiſſe iouër le blanc eſt pouſſer le pion
deſſus le cheual, & le noir pour ne perdre le ieu iouëra le fol à
la 3. de ſon Roy, & ainſi qu'il change comme ils verront à propos.

*Autre maniere toute differente de commencer le ieu par le pion de
la Dame.* C H A P. XX.

L

LE blanc pouſsera le pion de la Dame tant qu'il va, le noir pouſsera auſſi le pion de ſa Dame tant qu'il va, le blanc pouſsera le pion du fol de la Dame tant qu'il va : ſi le noir le prend auec le pion de ſa Dame , le blanc pouſsera le pion de ſon Roy tant qu'il va : ſi le noir pouſse le pion du cheual de ſa Dame tant qu'il peut aller pour garder le pion de la Dame , le blanc pouſsera le pion du roc de ſa Dame tant qu'il peut aller pour deſordonner le ieu contraire , & ſi le noir le prend du pion de ſon cheual , le blanc prendra le pion de la Dame auec le fol de ſon Roy, & prendra puis l'autre par force , iouant le cheual à la troiſieſme de ſon fol. Que ſi le noir ne prend pas le pion du roc, mais pouſse le pion du fol de ſa Dame vne caſe, le blanc prendra le pion du cheual auec celuy de ſon roc : ſi le noir le prend auec le pion du fol , le blanc pouſsera le pion du cheual de ſa Dame vne caſe, & ſi le noir le prend, le blanc prendra l'autre pion auec le fol de ſon Roy donnant Eſchec , & ſi le noir ſe couure auec ſon fol , le blanc luy prendra l'autre pion auec ſa Dame : ſi le noir prend le fol du Roy blanc auec le ſien, le blanc le prendra auec ſa Dame luy donnant Eſchec, & ſi le noir ſe couure de ſa Dame , le blanc changera ſa Dame, parce que le noir a le pion du roc deſuny, & le perdra par force doublant ledit roc, & le fol, & le cheual. Que ſi le noir ne prend pas le fol du blanc auec le ſien, mais ioue le cheual de ſa Dame à la troiſieſme de ſon fol pour prendre le pion de la Dame contraire , le blanc iouera le fol de ſa Dame à la troiſieſme de ſon Roy gardant le pion , & ſi le noir ioue le roc de ſa Dame à la caſe du cheual , le blanc retirera ſa Dame & la iouera à la quatrieſme de ſon roc , & ſi le noir ioue ſa Dame à la troi-

fiefme de fon cheual, le blanc iouera le cheual de fa Dame
à la troifiefme de fon fol , & puis prendra le cheual auec
fon fol , & gaignera le pion du roc , & puis fera en forte
de tirer le cheual de fon Roy & fe feruir des rocs, & changera
pour gaigner le ieu.

Aduertiffement.

QVAND le noir a ioué le cheual de fa Dame à la troifiefme du fol pour prendre le pion de la Dame contraire,&
que le blanc a ioué le fol de la Dame à la troifiefme de fon
fol pour garder le pion, fe feroit mieux iouer de pouffer le
pion de la Dame vne cafe plus auant deffus ledict cheual,& fi
le noir ioue ce cheual à la quatriefme de fon Roy, le blanc
pouffera le pion du fol de fon Roy tant qu'il va, deffus ledict
cheual,afin qu'il enferre les pieces de fon ennemy, & fi le noir
ioue le cheual à la quatriefme de la Dame contraire deffus la
Dame, & le fol, le blanc prendra le fol contraire auec le fien
donnant Efchec,& le noir le prenant auec fa Dame, le blanc
iouera fa Dame à la troifiefme d'elle mefme deffus le cheual
contraire, & fi le noir pouffe le pion de fon Roy tant qu'il
va pour garder fon cheual, le blanc aura le pion de la Dame
proche d'eftre faict Dame, & de plus iouera le fol de fa Dame
à la troifiefme de fon Roy deffus le cheual: & fi le noir ioue le
fol de fon Roy à la quatriefme du fol de fa Dame, le blanc
iouera le cheual de fon Roy à la feconde du mefme Roy,
& ainfi aura meilleur ieu, & quoy que le noir puiffe
iouer, le blanc aura bon ieu : mais prenons le cas que l'on
n'euft ioué que le fol,& que le noir euft ioué le roc à la cafe de

son cheual, & le blanc la Dame à la quatriefme de fon roc, & le
noir fa Dame à la troifiefme de fon cheual, & le blanc fon cheual à la troifiefme de fon fol , il ne faut pas prendre le cheual
auec le fol, mais regarder que fera le noir, parce que s'il ne chá-
ge fa Dame du lieu où elle eft, il perdra le ieu.

Autre maniere d'ordonner fon ieu commençant par le pion de la Dame. CHAP. XXI.

LE blanc pouffant le pion de la Dame tant qu'il va, le noir
pouffera de mefme le pion de fa Dame tant qu'il va, le
blanc iouera le fol de fa Dame à la quatriefme du fol de fon
Roy, fi le noir ioue le fol de fa Dame à la quatriefme du fol de
fon Roy , le blanc pouffera le pion du fol de fa Dame tant
qu'il va : fi le noir le prend auec le pion de fa Dame , le blanc
iouera le cheual de fa Dame à la troifiefme de fon fol: fi le noir
ioue le cheual de fa Dame à la troifiefme de fon fol deffus le
pion de la Dame contraire , le blanc pouffera le pion de fon
Roy tant qu'il va deffus le fol contraire : fi le noir le retire à la
troifiefme du cheual de fon Roy, le blanc pouffera le pion de
fa Dame vne cafe plus auant deffus le cheual contraire : fi le
noir ioue ledit cheual à la quatriefme de fon roc, le blanc taf-
chera de iouer fuiuant la couftume de quelques Italiens & paffer bataille , & aura gaigné le cheual pouffant le pion du cheual de fa Dame tant qu'il va deffus le cheual contraire : Que
s'il ne ioue pas à paffer bataille, le blanc donnera Efchec auec
fa Dame à la quatriefme de fon roc, & fi le noir pour ne perdre fon cheual fe couure auec le pion du fol de fa Dame, le
pouffant vne cafe , le blanc pouffera le pion du cheual de fa

Dame tant qu'il va deſſus le cheual, & le noir le prenant en
paſſant auec le pion de ſa Dame, aſçauoir vne caſe plus auant,
le blanc le prendra du pion de ſon roc, deſcouurant ledit roc
deſſus le cheual: & ſi le noir pouſſe le pion du cheual de ſa Dame vne caſe pour garder le cheual, le blanc où il pouſſera le
pion vne caſe plus auant deſſus le cheual, ou prenant le pion
du fol de la Dame cõtraire auec le pion de ſa Dame, il gagne-
ra en toutes manieres le ieu: il eſt beaucoup meilleur de prẽdre
le pion auec le pion de la Dame: que de pouſſer le pion deſſus
le cheual.

Aduertiſſement.

ET qnand le blanc a pris le pion de la Dame auec le pion
de ſon roc le deſcouurant deſſus le cheual contraire, le
noir pouſſera le pion de ſon roy vne caſe, parce que ſi le blanc
prend le cheual auec ſa Dame, le noir la prene auec la ſienne, &
ſi le blanc prend de ſon roc, le noir iouera le fol de ſon Roy à
la quatrieſme du cheual de la Dame contraire deſſus le roc &
le cheual contraire, & ainſi l'empeſchera fort à ſon ieu: Que ſi
lors que le noir a pouſsé le pion de ſon Roy vne caſe, le blanc
ne prene pas le cheual auec ſa Dame, mais pouſſe le pion vne
caſe plus auant deſſus le cheual, & ſi le noir prend le pion de la
Dame contraire auec celuy de ſon Roy, le blanc le prendra
auec ſon cheual de ſa Dame: ſi le noir pouſſe le pion du cheual de ſa Dame tant qu'il va deſſus la Dame contraire, le blanc
le prendra auec le fol de ſon Roy, & le noir prenant
auec ſon pion, le blanc le prendra auec ſa Dame donnera Eſchec, & le noir ſe couurant de ſa Dame, le blanc donnera autre Eſchec du cheual à la ſeconde du fol de la Dame

contraire, & ainfi le noir fera mat ou il perdra la Dame, &
quoy que puiffe iouer le noir, fi le blanc prend garde à fon ieu
il gaignera.

Autre maniere de commencer le ieu que ceux qui ont efté dicts. CHAP. XXII.

CEux qui n'ont pas beaucoup d'experience de la fcience
de ce ieu ont de couftume de commécer leurs ieux d'autres façons que celles que nous auons mis cy deffus, comme
par exemple, commençant (auant qu'ils ayent pouffé aucun
pion) par les cheuaux, & parce que cela arriué, & que la nouueauté de ce commencement peut embrouiller le ieu, ie don-
neray quelque aduertiffement, non pas pour ordonner des
ieux de cefte façon de commencer, mais pour y reparer.

Le premier Aduertifsement: Que fi le blanc tient la main,
qu'il doiue iouer le premier, & qu'il ioue le cheual de fon Roy
à la troifiefme de fon fol, le noir doit pouffer le pion de fa Dame tant qu'il va, & voicy la raifon, parce qu'il empefche que le
blanc ne peut pas ordonner fon ieu par le pion du Roy, qui
fera contrainct de pouffer vne cafe feule.

Second Aduertifsement. Que fi le blanc commence & ioue
le cheual de fa Dame à la troifiefme de fon fol, le noir doit
pouffer le pion de fa Dame tant qu'il va pour empefcher que
le noir n'ordonne fon ieu par le pion du Roy, finon en plufieurs coups: que s'il veut luy laiffer ordonner fon ieu par là,
iouant le pion de fon Roy tant qu'il va, il aura toufiours fon
ieu mieux ordonné pour auoir enferré le pion du fol de la Dame, auec lequel on a de couftume de bien ordonner le ieu de

celuy qui commence le premier

Le troifiefme Aduertiffement:Que fi le blanc commence par le pion du fol de fa Dame,le pouffant tant qu'il va,le noir doit pouffer le pion de fon Roy tant qu'il va:& fi le blanc pouffe le pion de fon Roy tant qu'il va,le noir iouera le fol de fon Roy à la quatriefme du fol de fa Dame,& ainfi ordonnera bien fon ieu, la cafe de la Dame contraire luy eftant libre pour faire fauter fon cheual de fa Dame,& le chemin du fol du Roy plus libre pour offenfer fon ennemy.

Aduertiffement quatriefme:Que fi le blanc commence par le pion du fol du Roy le pouffant tant qu'il peut aller, le noir poufsera le pion de fa Dame tant qu'il va, & fi le blanc poufse le pion de fa Dame tant qu'il va,le noir iouera le fol de fa Dame à la quatriefme du fol de fon Roy,& ainfi pourfuiura fon ieu qui eft meilleur,fes fols eftans libres, & la quatriefme cafe du Roy contraire pour le fault du cheual de fon Roy.

Aduertifsement cinquiefme. Que fi le blanc commence par aucuns des pions des cheuaux pour fortir par ce chemin fes fols, que le noir ne fe mette en peine que de iouer le pion du Roy & de la Dame:or iamais bon ioueur ne tient ces façons de iouer quand on ioue du pair & fans aduantage, cela doit fuffire pour ordóner les ieux fans aduantage,que fi ie fçay que ce petit Labeur te plaife, & que tu t'agrees à voir les diuerfes cóceptions qu'on peut auoir en ce ieu,ie pourray te donner vn quatriefme liure,où ie traitteray pour ordonner le ieu de celuy qui dóne deux coups à iouer pour aduantage,& pour ordonner le ieu de celuy qui reçoit l'auantage:pour ordonner le ieu de celuy qui donne deux coups à iouer pour le pion du fol du Roy, & de celuy qui donne le premier à iouer eftant vn ad-

uantage de iouer le premier pour le pió du fol du Roy, & pour
ordonner le ieu de celuy qui reçoit ledict pion, pour
ordonner le ieu de celuy qui donne vn cheual
pour le pion du fol du Roy, & pour
celuy qui reçoit le cheual,
& quelque autre
chapitre.

FIN DV IEV DES ESCHECS.

ANTES MVERTO QVE MVDADE.

www.ingramcontent.com/pod-product-compliance
Lightning Source LLC
LaVergne TN
LVHW050629090426
835512LV00007B/738

* 9 7 8 2 0 1 2 7 2 8 4 5 5 *